GRANDES COMENTADORES

Copyright desta edição © 2015 Editora Filocalia
Título original: *De Opificio Mundi, De Aeternitate Mundi, Quod Deus Sit Immutabilis, De Providentia*

Editor
Edson Manoel de Oliveira Filho

Coordenação da Coleção Grandes Comentadores
Carlos Nougué

Produção editorial, capa e projeto gráfico
Editora Filocalia

Preparação de texto
Zé Couto

Reservados todos os direitos desta obra. Proibida toda e qualquer reprodução desta edição por qualquer meio ou forma, seja ela eletrônica ou mecânica, fotocópia, gravação ou qualquer outro meio de reprodução, sem permissão expressa do editor.

Dados Internacionais de Catalogação na Publicação (CIP)
Angélica Ilacqua CRB-8/7057

Alexandria, Fílon de
    Da criação do mundo e outros escritos / Fílon de Alexandria ; tradução de Luíza Monteiro Dutra ; apresentação de Carlos Nougué. -- São Paulo : Filocalia, 2015.
    192 p.   (Coleção Grandes Comentadores)

    ISBN 978-85-69677-05-5
    Título original: *De Opificio Mundi, De Aeternitate Mundi, Quod Deus Sit Immutabilis, De Providentia*

    1. Filosofia 2. Judaísmo 3. Hermenêutica 4. Alegoria I. Título II. Dutra, Luíza Monteiro III. Nougué, Carlos IV. Série

15-1186   CDD: 100
                                                 CDU: 100

Índices para catálogo sistemático:
1. Filosofia

Editora Filocalia Ltda.
Rua França Pinto, 509 · São Paulo SP · 04016-002 · Telefax: (5511) 5572 5363
atendimento@filocalia.com.br · www.editorafilocalia.com.br

Este livro foi impresso pela Gráfica Rettec Artes Gráficas em novembro de 2015.
Os tipos são da família Baskerville e Geist. O papel do miolo é o off white norbrite 66g, e o da capa, cartão cartão ningbo star 250g.

Fílon de Alexandria

DA CRIAÇÃO DO MUNDO
E
OUTROS ESCRITOS

Tradução
LUÍZA MONTEIRO DUTRA

Apresentação
CARLOS NOUGUÉ

FILOCALIA

COLEÇÃO "GRANDES COMENTADORES"

Com esta coleção, a Editora Filocalia vem preencher uma grave lacuna no panorama editorial brasileiro: a que diz respeito aos GRANDES COMENTADORES, EM LÍNGUA GREGA E EM LÍNGUA LATINA, DA BÍBLIA, DE PLATÃO E DE ARISTÓTELES. E, se estes comentadores são grandes, é justamente por não se terem restringido a um mero comentar ao modo professoral, e por terem contribuído de modo decisivo para o próprio desenvolvimento da Filosofia e da Teologia. Têm eles efetivo lugar na história das duas ciências supremas.

As obras da coleção, coordenada por Carlos Nougué, nunca foram publicadas em nosso idioma. São dos seguintes comentadores: ALEXANDRE DE AFRODÍSIAS, AMÔNIO DE HÉRMIAS, BOÉCIO, FÍLON DE ALEXANDRIA, PROCLO, SANTO AGOSTINHO, SANTO TOMÁS DE AQUINO e SIMPLÍCIO.

Com aprofundado estudo introdutório e cuidada tradução, os livros da Coleção Grandes Comentadores serão obras de permanência e farão parte da biblioteca definitiva do mais alto saber.

SUMÁRIO

Apresentação
Fílon de Alexandria: Um Cruzamento de Caminhos
| 9 |

DA CRIAÇÃO DO MUNDO E OUTROS ESCRITOS

De Opificio Mundi
Da Criação do Mundo segundo Moisés
| 59 |

De Aeternitate Mundi
Da Incorruptibilidade do Mundo
| 105 |

Quod Deus Sit Immutabilis
Da Imutabilidade de Deus
| 143 |

De Providentia
Da Providência
| 175 |

APRESENTAÇÃO

Fílon de Alexandria: um cruzamento de caminhos

Carlos Nougué

Preâmbulos

Lê-se em Jeremias 9, 24: "Aquele que se gloria glorie-se em conceber-me e conhecer-me". Ora, não só Deus não nos mandaria fazer algo impossível, mas tal gloriar-se seria pura vanglória se não o pudéssemos efetivamente conceber e conhecer. Logo, não há dúvida de que o podemos fazer. Mas há que saber se podemos fazê-lo naturalmente, mediante unicamente nosso intelecto, ou necessitamos do auxílio da revelação divina para concebê-lo e conhecê-lo.

As duas coisas são verdadeiras por ângulo diverso.

1. Com efeito, diz o Concílio Vaticano I: "Deus, princípio e fim de todas as coisas, pode ser conhecido com certeza pela luz natural da razão humana a partir das coisas criadas; porque 'o invisível dele, depois da criação do mundo, compreendendo-se pelas coisas feitas, tornou-se visível' (Rm 1, 20)".[1] Ou seja, tal conhecimento possível "com certeza" não é, porém, de algo que nos seja evidente, assim como são evidentes, por exemplo,

---

[1] Concílio Vaticano I, *Constituição Dogmática sobre a Fé Católica*, cap. 2 ("Da Revelação"); Denzinger, 1785. – E é de tal ordem esta verdade, que São Paulo pôde afirmar não só o acima referido, mas o que o antecede e o que se lhe segue: "Com efeito, a ira de Deus manifesta-se do céu contra toda a impiedade e injustiça daqueles homens que retêm na injustiça a verdade de Deus, porque o que se pode conhecer de Deus lhes é manifesto porque Deus lho manifestou. Pois o invisível dele, depois da criação do mundo, compreendendo-se pelas coisas feitas, tornou-se visível; e assim seu poder

o princípio da contradição ("o ente é e não pode não ser ao mesmo tempo e pelo mesmo aspecto") ou o de que o todo é maior que a parte. Não que Deus não seja maximamente cognoscível e, pois, evidente; é-o, mas em e por si mesmo (*quoad se*), não para o intelecto humano (*quoad nos*), em razão das limitações deste mesmo intelecto. Por isso é que, para conhecer a Deus, o intelecto humano tem de partir das coisas criadas, em raciocínio *quia*, quer dizer, *a posteriori* ou pelos efeitos. Como escreve Santo Tomás de Aquino, "a proposição Deus é, enquanto tal, é evidente por si, porque nela o predicado é idêntico ao sujeito. Deus é seu próprio ser. Mas, como não conhecemos a essência de Deus, tal proposição não é evidente para nós; precisa ser demonstrada por meio do que é mais conhecido por nós [...], isto é, pelos efeitos".[2] E completa o nosso Santo: "Todo objeto é cognoscível enquanto se encontra em ato. Deus, que é ato puro sem mistura de potência alguma, é portanto maximamente cognoscível. O que porém é maximamente cognoscível em si mesmo não é cognoscível [evidentemente] para determinado intelecto por exceder em inteligibilidade a esse intelecto, [do mesmo modo que] o sol, conquanto maximamente visível, não pode ser visto pelos morcegos em razão de seu excesso de luz".[3]

Pois bem, se assim é com respeito a se Deus é, também o é, *mutatis mutandis*, com respeito à criação. Com efeito, se São Paulo pôde dizer que o invisível de Deus, "depois da criação do mundo, compreendendo-se pelas coisas feitas, tornou-se visível", e que "são inescusáveis" os homens que, pelas coisas criadas, não reconhecem o criador, é precisamente porque se pode conhecer, a partir do próprio mundo sensível, que ele foi criado por Deus – e *ex nihilo*, do nada, ou, melhor ainda, *de nada*.[4]

---

eterno e sua divindade; *de modo que* [tais homens] são inescusáveis" (Rm 1, 18-20; destaque nosso).

[2] S. Th., *Summ. Theol.*, I, q. 2, a. 1, c.

[3] Ibidem, I, q. 12, a. 1, c. – Já o dissera Aristóteles: "Assim como os olhos dos morcegos reagem diante da luz do dia, assim também a inteligência que há em nossa alma se comporta diante das coisas que, por sua natureza, são as mais evidentes" (*Metafísica*, α 1, 993 b 9-10).

[4] Falando propriamente, *criar* é fazer algo *ex nihilo*, sem matéria alguma precedente, o que só não excede à potência de Deus.

Não necessitamos estudar profundamente aqui os procedimentos pelos quais conhecemos que o mundo foi criado. Para os fins que aqui buscamos, basta-nos insistir em que, como o conhecimento de que Deus é, também o conhecimento de sua atividade enquanto criador do universo, incluída a matéria prima, *não pertence à fé em sentido estrito*. Há, sim, verdades reveladas por Deus que são absolutamente inacessíveis à razão humana e que não podem conhecer-se senão por meio das Sagradas Escrituras, como mostra Santo Tomás no *Compêndio de Teologia* (l. 1, c. 246), na *Suma contra os Gentios* (l. 4, c. 1) e em outros lugares: todo o relativo à Trindade, todo o relativo à Encarnação, todo o relativo aos decorrentes sacramentos, etc., ou seja, as verdades a que só assentimos em razão da autoridade do autor das Escrituras,[5] e que, no entanto, como demonstra cabalmente Santo Tomás, absolutamente não são contrárias à razão natural.[6] Ora, não se contam entre tais verdades a de que Deus é e a da criação do mundo por ele,[7] as quais, como vimos, conquanto não evidentes para nós, não excedem a capacidade de nossa razão.

2. Não obstante, se isso é assim, se estas verdades são efetivamente proporcionadas à razão humana, o fato – inquestionável – é que historicamente os homens, em sua imensa maioria, só as alcançaram parcialmente ou não as alcançaram, e mesmo os pouquíssimos que as alcançaram mais elevadamente não o fizeram de maneira perfeita ou suficiente. Tal fato histórico é sem dúvida efeito do pecado original: o intelecto humano já não submete cabalmente as potências inferiores da alma e o corpo (longe disso), e correntemente as paixões o enceguecem e obnubilam, impedindo, assim, não só a perfeita captação dos princípios da lei natural, mas ainda a apreensão de verdades especulativas acessíveis a ele. Com efeito, a imensa maioria dos homens, entregue a si mesma, ou seja, sem o auxílio da revelação divina, sempre esteve engolfada quer no politeísmo, quer em alguma forma de "religião" naturalista, quer no mais puro materialismo.

---

[5] "Probanda enim sunt huiusmodi auctoritate sacrae Scripturae, non autem ratione naturali", diz o Aquinate no lugar citado.

[6] Ibidem.

[7] E outras.

Excetuam-se especialmente, *de algum modo*, os maiores filósofos pagãos: Anaxágoras, Sócrates, Platão, Aristóteles, Plotino.

• Platão, no entanto, o mesmo Platão que em impressionante passagem do *Fédon*[8] diz que "acerca destes temas é preciso conseguir uma das seguintes coisas: ou aprender com outro como eles são, ou descobri-los por contra própria, ou, se isto for impossível, tomando dentre as explicações humanas a melhor e mais difícil de refutar, deixar-se levar nela como numa balsa para sulcar a existência, já que não podemos fazer a travessia de maneira mais estável e menos arriscada num veículo mais seguro, ou seja, com uma revelação divina" – esse mesmo Platão, dizemos, não só porá seu Demiurgo um degrau abaixo das Ideias mas, sem notar a profunda contradição de tão insustentável dualismo, *de certo modo* porá num mesmo plano a própria ideia do Uno-Bem e a Díada indefinida, fonte da matéria e do mal.[9]

• Aristóteles, por seu lado, superando as principais aporias de seu mestre, não chegou porém a conceber a criação,[10] ainda que a *creatio ex nihilo* tampouco esteja em contradição com seus princípios metafísicos: muito

---

[8] 85 c-d.

[9] Cf. Platão, *Carta VII*, 344 d; Aristóteles, *Metafísica*, A 6, 987 b 18-21. – De modo que, se Platão comctcu o devido "parricídio" de Parmênides (no *Sofista*, 241 d-242 a), poderia dizer-se que Parmênides deveria ter cometido o "filicídio" de Platão, porque, com efeito, o Eleata tinha descoberto, *de certo modo*, a identidade inextricável entre o Ente e o Uno e *Único* – o que volta a perder-se com o Ateniense.

[10] Não podemos concordar plenamente, porém, com a afirmação de Giovanni Reale (em *História da Filosofia Antiga*, vol. II. São Paulo, Edições Loyola, 1994, p. 371) de que o monoteísmo aristotélico seja "mais de exigência que efetivo", especialmente porque o θεός de Aristóteles não se distinguiria suficientemente das outras 55 substâncias espirituais motoras. Em sentido contrário a isso, cf. Carlos Augusto Casanova, *El Ser, Dios y la Ciencia*. Santiago, IAP/C.I.P./Ediciones Universidad Católica de Chile, 2077, p. 71-94. Nestas páginas, que correspondem ao cap. "¿Está superada la teología aristotélica por el colapso de la teoría de las esferas celestes?", Casanova, recorrendo aos próprios textos aristotélicos, a Santo Tomás e a outros, e reconhecendo embora que "Aristóteles não é muito claro nestes pontos", conclui, com alto grau de probabilidade, que o Deus aristotélico é não só *a* causa final, mas *a* causa eficiente, e que, portanto, as 55 substâncias separadas "dependem em seu ser da primeira de algum modo" (ibidem, p. 86).

pelo contrário, está como que implícita neles, como uma conclusão que todavia ele próprio, Aristóteles, não tirou por não ter levado até ao fim sua própria doutrina do ato e da potência. Fá-lo-ia por ele, de modo cabal e sobre-excedendo-a, Santo Tomás de Aquino. Mais que isso, todavia, Aristóteles tampouco pôde alcançar, em razão de um como cansaço metafísico, que Deus é por essência o mesmo Ser subsistente, o que será, como veremos, o núcleo da metafísica tomista.

• E semelhantemente com respeito aos demais expoentes da filosofia pagã.

3. Pois bem, se assim é, se, conquanto acessíveis à razão humana, a verdade da existência de Deus e a da criação do mundo por ele não foram alcançadas perfeitamente pelo homem entregue a suas próprias luzes naturais, então por isso mesmo é que, para que as pudéssemos conhecer e como quereria Platão, veio em nosso socorro a revelação divina. A esta, com efeito, não se deve atribuir tão somente o ensinamento gratuito de verdades *per se* inacessíveis à razão humana,[11] mas também o daquelas que, conquanto não excedam a esta, tampouco foram historicamente alcançadas por ela com suficiência: como diz a suprarreferida Constituição do Concílio Vaticano I,[12] "aprouve à [...] sabedoria e bondade [de Deus] revelar [estas verdades] ao gênero humano por outro caminho, *e este sobrenatural*" (destaque nosso). Di-lo com mais amplitude o Aquinate na *Suma contra os Gentios*, razão por que o citaremos *in extenso*:

> [...] se essas verdades [ou seja, as que não excedem a razão humana] fossem abandonadas à só razão humana, surgiriam três inconvenientes.

---

[11] "A esta divina revelação deve-se certamente atribuir que as coisas divinas não inacessíveis de si à razão humana possam ser conhecidas por todos, mesmo na atual condição do gênero humano, de modo fácil, com firme certeza e sem mistura de erro algum. [...] No entanto, nem por isso se deve dizer que a revelação seja absolutamente necessária senão porque Deus mesmo, por sua infinita bondade, ordenou o homem a um fim sobrenatural, ou seja, a participar de bens divinos que sobrepujam totalmente a inteligência da mente humana; pois em verdade *nem o olho viu nem o ouvido ouviu, nem jamais passou pelo pensamento do homem o que Deus preparou para aqueles que o amam* [1 Cor 2, 9; Can. 2 e 3]" (*Constituição Dogmática sobre a Fé Católica*, ibidem, 1786).

[12] Ibidem, ibidem, 1785.

O primeiro é que, se tal se desse, poucos homens alcançariam o conhecimento de Deus. Muitos seriam impedidos de descobrir a verdade – que é fruto de investigação assídua – por três razões. Antes de tudo, alguns devido a defeito da própria constituição natural que os dispõe para o conhecimento; estes por esforço algum poderiam alcançar o grau supremo do conhecimento humano, que consiste no conhecimento de Deus. Outros, depois, devido aos trabalhos necessários para o sustento da família. Convém, sem dúvida, que entre os homens uns se entreguem ao cuidado das coisas temporais. Estes, porém, não podem despender o tempo necessário para o ócio exigido pela investigação contemplativa para alcançar o máximo nesta investigação, [máximo] que consiste justamente no conhecimento de Deus. Outros, por fim, são impedidos pela preguiça. Ora, para o conhecimento das verdades divinas investigáveis pela razão, são necessários muitos conhecimentos prévios: como o labor especulativo de toda a filosofia se ordena ao conhecimento de Deus, a metafísica – que versa sobre as verdades divinas – é a última parte no aprendizado da filosofia. Não se pode, pois, chegar à investigação das verdades supramencionadas senão com grande esforço especulativo. Poucos todavia querem dar-se a tal trabalho por amor à ciência, apesar de Deus ter inserido na mente humana o desejo natural de conhecer aquelas verdades.

O segundo inconveniente consiste em que os que chegam à invenção das verdades divinas não o fazem senão após longo tempo de investigação. Isso acontece em razão da profundidade delas, e só um longo trabalho torna o intelecto apto para compreendê-las pela via da razão natural. Isso acontece também porque, como dissemos acima, se exigem muitos conhecimentos prévios. E, finalmente, também porque no período da juventude, quando a alma é agitada por impulso de tantas paixões, o homem não está maduro para tão elevado conhecimento da verdade. Por isso é que se diz no livro VIII da *Física*: "É na quietude que o homem se torna prudente e sábio". O gênero humano, portanto, permaneceria nas mais profundas trevas da ignorância se para o conhecimento de Deus só tivesse aberta a via da razão: porque só poucos homens, e só após longo tempo, chegariam a este conhecimento, que os faz maximamente perfeitos e bons.

O terceiro inconveniente consiste em que a falsidade se introduz largamente na investigação da verdade a que procede a razão humana, por causa da debilidade de nosso intelecto para julgar e da mistura dos fantasmas [ou imagens sensíveis]. Muitos, com efeito, por ignorar o valor da demonstração, põem em dúvida as verdades verissimamente demonstradas.

Isto aliás se dá sobretudo quando se veem muitos que se dizem sábios a ensinar coisas diversas. Ademais, entre as verdades que se vão demonstrando, imiscui-se por vezes algo de falso que não pode ser demonstrado, e que, no entanto, é afirmado com argumentação provável ou sofística, mas tida por demonstração clara.

Por todos esses motivos foi conveniente que pela via da fé se apresentassem aos homens a firme certeza e a pura verdade das coisas divinas.

Foi por conseguinte vantajoso que a clemência divina determinasse fossem tidas como de fé também as verdades que a razão pode por si mesma investigar. Dessa maneira, todos podem com facilidade, sem dúvida e sem erro ser partícipes do conhecimento das verdades divinas. Daí que esteja escrito: "Já não andais como os povos que andam segundo a vaidade dos sentidos, tendo obscurecido o intelecto" (Ef 4, 17); e: "Todos os teus filhos serão instruídos pelo Senhor" (Is 54, 13).[13]

4. Refaçamos, pois, esquematicamente, o caminho percorrido até aqui:
• Certas verdades relativas a Deus, como a de que ele é e a da criação do mundo, não excedem a razão humana, que tem capacidade para atingi-las;
• Não obstante, historicamente o homem nunca as atingiu senão mais ou menos imperfeitamente. O gênio de um Platão ou o de um Aristóteles, é verdade, atingiram-nas em grau bem superior, mas também eles só o fizeram mais ou menos imperfeitamente ou mais ou menos insuficientemente;
• Por esse motivo, Deus, em virtude de ter destinado o homem a um fim sobrenatural, não só lhe revelou verdades divinas de todo inacessíveis à razão humana, mas também lhe revelou verdades naturalmente acessíveis a esta que, todavia, ela de fato nunca alcançara senão com as ressalvas feitas acima;
• Ora, o que é revelado divinamente é-o *de modo sobrenatural* e é *de fé*, como, após tão farta fundamentação da necessidade da revelação de

---

[13] *Suma contra os Gentios*, I, c. 4 (grifo nosso). – Repete-o Santo Tomás, mas mais sintética e lapidarmente, na *Suma Teológica* (I, q. 1, a. 1, *c.*): "A verdade sobre Deus investigada pela razão humana seria alcançada apenas por um pequeno número, após muito tempo, e cheia de erros. Mas do conhecimento desta verdade depende a salvação do homem, a qual se encontra em Deus. Por isso, para que a salvação chegasse aos homens com mais facilidade e com mais garantia, era necessário fossem eles instruídos a respeito de Deus por uma revelação divina".

verdades naturalmente acessíveis ao homem, conclui o longo trecho de Santo Tomás acima citado.[14]

• Logo, a revelação vem melhorar a razão humana, fazendo-a alcançar verdades que ela, pelos motivos apontados, não conseguiu alcançar, conquanto pudesse tê-lo feito.

5. É preciso, no entanto, dar mais um passo. Sim, porque tal revelação de verdades divinas naturalmente acessíveis à razão humana não só se ordena ao fim sobrenatural a que Deus destinou o homem, mas, mais que dá-las por via sobrenatural, dá-as junto a, ou antes, no bojo de verdades inacessíveis naturalmente à razão humana. No Antigo Testamento, contam-se entre estas a do estado de justiça original e a do pecado original, além da promessa de um Messias; no Novo, a da virgindade de Maria, a da Redenção pela Cruz, a da Eucaristia. Pois bem, tanto no Antigo como no Novo Testamento, aquelas verdades reveladas naturalmente acessíveis ao homem não só não contradizem as verdades propriamente sobrenaturais (nem vice-versa), mas são antes iluminadas e elevadas por estas. Com efeito, saber, como se soube pelo Antigo Testamento, que o homem foi criado por Deus em graça porque em ordem a um fim sobrenatural lança poderosa luz sobre Deus mesmo enquanto Sumo Bem e Causa Final; e saber, como se sabe pelo Novo Testamento, que Deus se encarnou e morreu na cruz em ordem àquele mesmo fim sobrenatural eleva ao máximo nossa capacidade de conhecimento dele enquanto Amor.[15] Vê-se, portanto,

---

[14] Com efeito, tais verdades reveladas, embora não sejam *estritamente* de fé, são-no, todavia, *de certo modo* – como afirma o mesmo Santo Tomás.

[15] Bem sabemos quão corrente é a afirmação de que, segundo Santo Tomás, nosso conhecimento de Deus é *puramente* negativo. Não podemos estar de acordo. Se é verdade que, com todo o acerto, o Doutor Angélico não só nega a possibilidade de conhecer nesta vida a essência de Deus mas diz que nosso conhecimento dele é *antes negativo*, também é verdade que se opõe a uma *cognitio tão somente* negativa dele. Com efeito, nos atributos de Deus (cf., por exemplo, na *Suma Teológica* I, todo o tratado de Deus único) conhecemos, conquanto muito imperfeitamente, algo *quiditativo* seu. Mas não o fazemos senão: a) pela conclusão de que, dados tais efeitos, não só há de haver uma Causa, senão que esta não pode deixar de ter tais e tais atributos; b) mediante, mais genericamente, a *analogia*. Em verdade, o apofático é apenas um dos

que nosso conhecimento da existência de Deus, de atributos seus e da criação depende da luz sobrenatural da revelação não só para escapar às insuficiências, às obscuridades e às excentricidades que marcaram a história intelectual do homem e, em particular, a própria história da Filosofia: também para elevar-se a patamares superiores.

6. Apenas o dizemos, porém, e já se ergue uma objeção de peso. Com efeito, pelo dito até aqui parecem ser a mesma a distinção entre fé e razão e a distinção entre Filosofia e Teologia Sagrada, ou seja, parecem identificar-se, por um lado, razão e Filosofia e, por outro, fé e Teologia Sagrada – e, de fato, em tal identificação incorrem não poucos importantes tomistas. Se, porém, se dá tal identificação, a Filosofia e a Teologia Sagrada deixam de ser hábitos científicos. Mas isto, por absurdo, não se segue, razão por que é necessário estabelecer que a relação entre a Filosofia e a Teologia não é a mesma que a que se dá entre a fé e a razão, ainda que as duas relações também estejam estreitamente relacionadas entre si. E não são as mesmas, antecipe-se, até porque, quando se dá, a ordenação da razão à fé é *essencial*, ao passo que, quando se dá, a ordenação da Filosofia à Teologia é *acidental*. Antes de o mostrarmos, todavia, demos um quadro esquemático das diversas visões sobre a relação entre a fé e a razão.[16]

• OPOSIÇÃO INCONCILIÁVEL ENTRE ELAS. Defendem-na:

→ do lado católico, os fideístas (condenados pelo magistério da Igreja), para os quais todo e qualquer saber racional é ou impossível ou pelo menos perigoso para a fé;

→ do lado não católico, os racionalistas sistemáticos, para os quais a fé representa um perigo para o saber racional;

---

degraus da escada analógica para conhecer, segundo o possível nesta vida, a Deus. (Cf. *Sent.*, I, d. 8, q. 1, a 1.; d. 19, q. 5, a. 2; *Pot.*, 7, 5 e 7; *Verit.*, 2, 1 e 11; *Cont. Gent.*, I, 30 e 34; *Summ. Theol.*, I, q. 13, a. 2, 3 e 5; q. 28, a. 2, ad 3; *et alii loci.*)

[16] Para um quadro histórico mais amplo da questão, cf., com ressalvas, Dr. P. G. M. Manser, O. P., *La Esencia del Tomismo*, trad. (da 2ª. ed. alemã) de Valentín García Yebra. Madri, Consejo Superior de Investigaciones Científicas/Instituto "Luis Vives" de Filosofia, p. 121-50.

→ entre essas duas correntes, a medieval e pré-renascentista de Siger de Brabante (1240-1280) e em especial de João de Janduno († 1328) e de Marsílio de Pádua (1270-1343), que propugnavam a existência de uma *dupla verdade*, princípio segundo o qual pode haver algo demonstrável pela razão mas rejeitável pela fé.

• HARMONIA ENTRE ELAS:

→ harmonia fundada na *separação* entre as duas: como a fé e a razão não teriam nada que ver entre si, por isso mesmo tampouco poderiam contradizer-se mutuamente; é a posição que foi amadurecendo desde Guilherme de Ockham até ao modernismo (condenado pelo magistério da Igreja e ele próprio essencialmente racionalista), passando por Kant, pelo protestantismo em geral, etc.;

→ harmonia fundada em certa *confusão* entre as duas: como a fé e a razão se harmonizam entre si, aquilo em que se crê e em que se tem de crer também poderia demonstrar-se (ao menos em resposta à questão *an sit* [se é ou existe]); em razão de tal posição, esta corrente tende essencialmente a admitir uma transformação da fé em saber natural; é precisamente a corrente iniciada pelo teólogo judeu Fílon de Alexandria (10 a.C.-50) e continuada, de modo diverso:

✓ por alguns Padres da Igreja;

✓ pelo neoplatonismo;

✓ pelos dois principais filósofos árabes, Avicena (980-1037) e Averróis (1126-1198);

✓ por impressionante sucessão de teólogos cristãos que atravessa a própria escolástica, dominando-lhe os quatro primeiros séculos: São Pascásio Radberto († c. 860); Escoto Erígena († 877); Berengar de Tours (999-1088); em certa medida o próprio Santo Anselmo (1033-1109); Pedro Abelardo (1079-1142); Hugo de São Vítor (1096-1141) e Ricardo de São Vítor († 1173); Gilberto Porretano († 1154); Thierry de Chartres († 1155); João de Salisbury († 1180); Alano de Insulis († c. 1023); Henrique de Gante († 1293); Roger Bacon († 1294); Raimundo Lúlio († 1315);[17]

---

[17] Não aderiram a esta corrente, por uma sorte de sadia precaução ou por efetivo pressentimento do perigo que representava, Anselmo de Laon († 1117), Guilherme de

✓ por teólogos da escolástica tardia, como o Cardeal Nicolau de Cusa (1401-1464).[18]

→ Harmonia fundada na *distinção* entre as duas: é a posição de Santo Tomás de Aquino. Vejamo-la de mais perto.

"Tomás", como escreve Manser, "é e será sempre, digamo-lo resolutamente, o *fundador científico da harmonia com base na distinção clara entre fé e saber* [melhor se diria 'razão'], da solução que é a única que não leva ao racionalismo, por um lado, nem a um cego fideísmo, por outro".[19] Lutou o Angélico toda a vida tanto contra os defensores da oposição inconciliável entre a fé e a razão como contra os partidários da harmonia entre as duas com base em sua separação ou em sua confusão.

◊ Contra os defensores da oposição inconciliável, afirmava: "Quod veritati fidei Christianae non contrariatur veritas rationis" (A verdade racional não contraria a verdade da fé cristã).[20] Tanto a razão como a fé nos foram dadas por seu autor, Deus, motivo por que não podem contradizer-se e são ambas fontes fidedignas da verdade. Sucede apenas que da parte de Deus são uma só e mesma coisa, enquanto de nossa parte são duas, segundo nossa mesma maneira de conhecê-la.

◊ Contra os partidários da harmonia com base na separação, sustentava que o fundamento último do saber racional e da fé é o mesmo: a Verdade subsistente. A fé não é um sentimentalismo. Como escreve ainda Manser, "tudo aquilo em que cremos [...] é verdade; a verdade eterna e primeira é aquilo pelo qual cremos [...]: 'non enim fides [de qua loquimor] assentit alicui nisi quia est a Deo revelatum' [a fé de que falamos não dá seu assentimento a algo senão por ser revelado por Deus (*Suma Teológica*,

---

Champeaux († 1121), Pedro Lombardo († c. 1164) e Guilherme de Auxerre († 1234), entre outros. Opôs-se firmemente a ela São Bernardo de Claraval (1090-1153), não sem exageros opostos, mas de modo efetivamente benéfico e profícuo (como em sua vitoriosa luta contra as teses de Pedro Abelardo).

[18] A confusão entre fé e razão pode dar-se com respeito à origem de ambas, e/ou com respeito ao conceito de ambas, e/ou com respeito à esfera de ambas.

[19] Dr. P. G. M. Manser, O. P., ibidem, p. 134.

[20] S. Th., *Cont. Gent.*, I, 7.

II-II, q. 1, a. 1, c.)]".²¹ E foi em decorrência deste entendimento que o Angélico pôde definir de modo irretocável: "credere est *actus intellectus assentientis veritati divinae ex imperio voluntatis a Deo motae per gratiam*" (crer é um ato do intelecto que assente a uma verdade divina por império da vontade movida por Deus mediante a graça).²²

◊ E aos propugnadores da harmonia com base na confusão ou na identidade opunha Santo Tomás sua própria solução global: *harmonia com base na distinção entre fé e razão.*

7. Quanto a um ponto, porém, deixamos propositadamente vago até aqui: o que se entende por relação entre a fé e a razão. Mas é preciso dizer agora se se trata desta relação tal qual se dá no intelecto de qualquer crente, ou se se trata desta relação tal qual se dá no intelecto dos teólogos. Ora, parece que tal relação na Teologia Sagrada há de estar incoada, mais ou menos perfeitamente, na alma de qualquer crente, pelo simples motivo de que não pode haver "ruptura" entre a sã razão e a verdadeira fé deste e as de um sábio, porque, com efeito, sempre se darão no mesmo intelecto humano. Entre aquela relação e esta não pode não haver, *de algum modo*, continuidade. Mas também parece que é na sabedoria teológica, e não na alma de qualquer crente, que mais *formalmente* a razão e a fé se unem de modo estreito. Como quer que seja, porém, o que importa destacar aqui e agora é que, ao contrário da subordinação da razão à fé na alma de qualquer crente ou na Teologia Sagrada, a subordinação da Filosofia à Teologia Sagrada não é essencial, mas *acidental*, "não constituindo com ela algo *simpliciter* uno".²³

8. Pois bem, identificar a relação entre a razão e a fé e a relação entre a Filosofia e a Teologia Sagrada implica não só negar a estas o caráter de hábitos científicos, mas ainda não ordená-las adequadamente entre si, ou seja, segundo a efetiva ordenação acidental que é a sua. É pois de reter o

---

[21] Dr. P. G. M. Manser, O.P., ibidem, p. 135-36.
[22] S. Th., *Summ. Theol.*, II-II, q. 2, a. 9, c.
[23] Padre Álvaro Calderón, *El Reino de Dios en el Concilio Vaticano II*, versão provisória e em PDF, p. 39.

que diz o Padre M. Teixeira-Leite Penido:[24] "é como se Moisés regentasse a física, e Platão a Escritura"; e o efeito disso é transformar a Filosofia numa

> serva à qual não assiste o direito de trabalhar para si; uma escrava que, como a do Salmo, não pode levantar os olhos das mãos de sua senhora: "*sicut oculi ancillae in manibus dominae suae*". Para [a consolarem], dizem-lhe que é rainha, e julga tudo o que há no homem, mas apressam-se em acrescentar que esta realeza consiste em compreender a fé: *quod credimus intelligere*.

Evitada todavia tal confusão, permanece que "a ciência sagrada", como diz Santo Tomás,[25]

> pode tomar emprestada [sim] alguma coisa às ciências filosóficas. Não [porém porque tal] lhe seja necessário, mas para melhor manifestar o que ela própria ensina. Seus princípios não lhe vêm de nenhuma outra ciência, mas imediatamente de Deus, por revelação. Por conseguinte, ela não toma empréstimos das outras ciências como se estas lhe fossem superiores, senão que se vale delas como de inferiores e servas, assim como as ciências arquitetônicas se valem das que lhe são auxiliares; ou a política, da arte militar. Que a ciência sagrada se valha das outras ciências não se dá por falha ou deficiência sua, mas por falha de nosso intelecto: a partir do que se adquire pela razão natural (donde procedem as demais ciências), nosso intelecto é mais facilmente conduzido ao que está acima da razão, e que é tratado nesta ciência [a Sagrada Teologia].

9. Mas de quanto se acaba de dizer resulta uma dupla nota. Por um lado, todas as demais ciências se subalternam, de certo modo, à Teologia Sagrada; por outro, porém, não o fazem do mesmo modo que o fazem à Metafísica. Explique-se.

• Antes de tudo, deve considerar-se se a Teologia Sagrada é de fato uma ciência. E o é, com efeito.[26] Mas há duas classes de ciências. As da primeira procedem de princípios conhecidos segundo a luz natural do intelecto, e entre estas estão a Aritmética ou a Geometria. As da segunda,

---

[24] Em *A Função da Analogia em Teologia Dogmática*. Petrópolis, Editora Vozes, 1946, p. 205-07.
[25] *Summ. Theol.*, I, q. 1, a. 6, ad 2.
[26] Cf. ibidem, I, q. 1, a. 2, c.

de princípios conhecidos segundo a luz de uma ciência superior, como a Perspectiva com respeito à Geometria, ou a Música com respeito à Matemática e à Acústica, ou ainda a Teologia Sagrada com respeito à Ciência dos bem-aventurados e de Deus mesmo. Em outras palavras, os princípios de que parte a Teologia Sagrada são os dados da fé, porque, com efeito, o que os bem-aventurados conhecem de Deus e que Deus conhece de si mesmo não nos pode chegar por essência, mas só por revelação, e por trás dos véus da fé. Mas os princípios de todas as outras ciências, próprios ou de ciência superior, chegam-nos pela própria razão. Entre elas está a Metafísica, a ciência do ente enquanto ente, e cujos princípios, que são os primeiríssimos do ente, ela e só ela pode defender.

• Ademais, contudo, a Teologia Sagrada é a única ciência tanto especulativa como prática.[27] A Metafísica ou a Física são só especulativas, enquanto a Ética ou a Política são só práticas. Mas a Teologia Sagrada, por *simpliciter* una,[28] estende-se às coisas tratadas pelas outras ciências enquanto cognoscíveis sob a luz divina e *sub ratione Deitatis*. Por isso, a Teologia Sagrada será tanto especulativa como prática, assim como Deus se conhece a si mesmo e conhece suas obras enquanto se conhece a si mesmo.[29]

• Por tudo isso, portanto, a Teologia Sagrada é a excelentíssima das ciências.[30] A uma só vez especulativa e prática, sobreleva-se a todas as outras. Com efeito, entre as ciências especulativas é mais excelente a que tanto é mais certa como tem matéria mais digna, assim como a Metafísica, por estes mesmos motivos, é a excelentíssima das ciências cujos princípios nos chegam segundo a luz da razão: sem dúvida, é a mais certa porque tem por próprios os primeiríssimos princípios da razão natural,

---

[27] Cf. ibidem, I, q. 1, a. 4, c.

[28] Cf. ibidem, I, q. 1, a. 3, c.

[29] Assim porém como Deus conhece suas obras enquanto se conhece a si mesmo, assim também a Teologia Sagrada é antes especulativa que prática, porque, com efeito, não considera os atos humanos senão enquanto por eles o homem se ordena ao conhecimento perfeito e por essência de Deus – até porque é nisto último que consiste o fim de nossa vida, ou seja, a beatitude ou bem-aventurança eterna (cf. ibidem, I, q. 1, a. 4, c.).

[30] Cf. ibidem, I, q. 1, a. 4, c.

e a mais nobre porque seu sujeito é o ente enquanto ente, motivo por que se ocupa da Causa mais alta. Mas a Teologia Sagrada, por aquele mesmo duplo aspecto, excede a todas as demais ciências, incluída a Metafísica. Em primeiro lugar, portanto, porque todas as outras recebem sua certeza da luz da razão humana, que pode errar, enquanto a Teologia Sagrada a recebe da ciência de Deus, que não pode errar. Em segundo lugar, porque sua matéria é sem dúvida a mais excelente, pois tem por sujeito a Deus enquanto Deus – a mesma sublimidade –, e trata tudo o mais enquanto efeito dele e ordenado a ele.

• Se não houvesse nada mais que o ente móvel (e pois sensível ou corpóreo), a Física seria a Sabedoria. Mas há algo além do físico, razão por que, entre as ciências sob a luz da razão natural, a Metafísica é a Sabedoria. Sabedoria *simpliciter*, porém, entre nós e nesta vida, não pode ser senão a Teologia Sagrada, cujo sujeito, como dito, é Deus mesmo enquanto Deus, do qual procedem todas as outras coisas – a criatura corpórea e a criatura intelectual – e ao qual se ordenam. Logo, todas as demais ciências se subalternam à Teologia Sagrada, mas, como dito, de modo distinto de como se subalternam à Metafísica. Com efeito, a Metafísica não só pode defender os princípios das ciências subalternas (o que elas mesmas não podem fazer), senão que pode corrigi-las se se desviam deles. Ora, a Teologia Sagrada não pode fazê-lo com respeito às outras ciências, como vimos o Padre Penido dizer mais acima. Mas pode delimitar-lhes a todas seu campo, e, se não as ordena direta ou imediatamente a Deus, o fim último do homem, fá-lo ao menos indireta ou mediatamente. Assim, pode a Física moderna pôr a hipótese do *big bang*; não pode porém pô-lo como o primeiro princípio das coisas, que é Deus. Pôde ademais a Física Geral pôr a eternidade do mundo; não pode a Teologia Sagrada negá-la *rationabiliter*, mas pode antepor-lhe o dado da fé entregue no Gênesis. *Et reliqua*, analogamente.

10. Resta-nos porém uma última dificuldade. Com efeito, a Metafísica chama-se também não só Filosofia Primeira, mas ainda Teologia. Diz-se Metafísica enquanto, como dito, se ocupa do que está além do físico e pois da Física; mas Filosofia Primeira enquanto se ocupa dos princípios e das causas mais altas; e Teologia enquanto a causa das causas, a causa mais alta, é Deus, do qual pois a Metafísica também se ocupa. Mas nesta vida não podemos conhecer a Deus por essência, e por isso mesmo é que a Metafísica ou Teologia Filosófica não pode ter por sujeito a Deus enquanto Deus, senão que só pode tratá-lo enquanto é o Ente dos entes e a causa destes. Ora, vimos já que a Teologia Sagrada tem por sujeito justamente a Deus enquanto Deus, e considera a tudo o mais como efeito dele. Sabê-lo, porém, não elimina a objeção: justo porque Deus enquanto Deus não é o sujeito da Metafísica, é abusivo o título de Teologia, ainda que Filosófica. Mas é possível solver a objeção. Com efeito, falando absolutamente, Teologia é a ciência que Deus tem de si mesmo. Ora, como mostra Santo Tomás no *Compêndio de Teologia* (l. 1, c. 9) e em tantos outros lugares, Deus é *simpliciter* simples. Se o é, então nele o ser não pode ser uma coisa e a essência outra, nem pode haver acidentes, e a ciência entre as criaturas é acidental. Logo, Deus não só é seu mesmo ser e sua mesma essência, senão que é sua mesma ciência. Se assim é, *a Teologia é Deus mesmo*. E, assim como todas as criaturas não têm ser senão pela participação de Deus, que, como dito, é o mesmo Ser, assim também a ciência que as criaturas intelectuais têm de Deus têm-na por participação de Deus, ou seja, por participação da mesma Teologia *simpliciter*. Logo, as demais teologias participam da Teologia como em analogia de atribuição: a Teologia dos bem-aventurados participa dela muitíssimo mais e de modo especialíssimo, por deiformação e aderência; a Teologia Sagrada vem depois, porque participa dela, como dito, por trás dos véus da fé; enquanto a Teologia Filosófica participa dela segundo a só luz da razão – mas a luz da razão é já uma participação do Intelecto divino.

POSTO TUDO ISSO, e como nosso assunto é a teologia de Fílon de Alexandria, há que distingui-la desde já da teologia católica, porque, com efeito, seus princípios são os dados revelados tão só da Antiga Aliança. Mas é justamente isto o que dá *o marco* em que devem observar-se tanto as qualidades como os defeitos[31] de sua doutrina, e o que explica, em última análise, o fato de esta ser o cruzamento de caminhos a que se refere o título

---

[31] "Defeitos" em duplo sentido: o de "carências", "deficiências", "insuficiências", e o de "falhas", "erros", "enganos".

desta Apresentação: o cruzamento de onde partiram tanto a teologia que vai dar em Maimônides como a gnose,[32] o neoplatonismo e, conquanto apenas acidentalmente, a própria teologia cristã.

É precisamente o que veremos nesta Apresentação.

A árdua biografia de Fílon de Alexandria

Ante o emaranhado de hipóteses contraditórias sobre a vida de Fílon, poderia dizer-se algo semelhante ao que dizia Sócrates a respeito da *phýsis*.[33]

É verdade que algo de sua vida se sabe.[34] Nasceu, obviamente, em Alexandria, provavelmente entre 15 e 10 a.C., de rica e influente família judia estabelecida naquela cidade. Tendo recebido instrução do mais alto nível, assimilou tanto a cultura helenística como a hebraica. Conquanto deva ter-se dedicado majoritariamente ao estudo e à escrita da Teologia, tampouco se furtou a compromissos públicos, como o que o levou a viajar a Roma como chefe de uma embaixada para protestar contra as perseguições a seu povo.

Chegaram-nos, de alguma forma, quase todas as suas numerosas obras. Eis, ordenados tematicamente, seus respectivos títulos tais como conhecidos em latim e com as respectivas abreviaturas com que se citam:

1) As de comentário ao Gênesis:
- *De Opificio Mundi* [*Opif.*];
- *Legum Allegoriae* (livros I-III) [*Leg.*];
- *De Cherubim* [*Cher.*];

---

[32] Naturalmente, trata-se aqui da gnose posterior à vinda de Cristo.
[33] Cf. Xenofonte, *Memoráveis*, I, 1, 11-16. – Com efeito, assim como, ante a teia de teses opostas acerca da natureza, o fundador da estrada real da filosofia dizia que se devia deixar de lado a pesquisa do que seria um segredo da Divindade, assim também, ante o enredo de afirmações antagônicas que envolvem a vida do Alexandrino, se poderia suspender a investigação de algo grandemente coberto pelo manto dos tempos.
[34] Cf. Giovanni Reale, ibidem, p. 217-218; e Roger Arnaldez, "Introduction Generale". In: *Les Œuvres de Philon d'Alexandrie*. Paris, Éditions du Cerf, 1961.

- *De Sacrificiis Abelis et Caini* [*Sacrif.*];
- *Quod Deterius Potiori Insidiari Soleat* [*Deter.*];
- *De Posteritate Caini* [*Poster.*];
- *De Gigantibus* [*Gig.*];
- *Quod Deus Sit Immutabilis* [*Deus*];
- *De Agricultura* [*Agric.*];
- *De Plantatione* [*Plant.*];
- *De Ebrietate* [*Ebr.*];
- *De Sobrietate* [*Sobr.*];
- *De Confusione Linguarum* [*Confus.*];
- *De Migratione Abrahami* [*Migr.*];
- *Quis Rerum Divinarum Heres Sit* [*Her.*];
- *De Congressu Eruditionis Gratia* [*Congr.*];
- *De Fuga et Inventione* [*Fug.*];
- *De Mutatione Nominum* [*Mutat.*];
- *De Sominiis* (livros I-II) [*Somn.*].

2) As de exposição da lei mosaica:
- *De Abrahamo* [*Abr.*];
- *De Iosepho* [*Ios.*];
- *De Decalogo* [*Decal.*];
- *De Specialibus Legibus* (livros I-IV) [*Spec.*];
- *De Virtutibus* (de Fortitudine, De Humanitate, De Paenitentia, De Nobilitate) [*Virt.*];
- *De Praemiis et Poenis* [*Praem.*];
- *De Vita Mosis* (livros I-II) [*Mos.*].

3) As de exegese e/ou de catequese bíblica:
- *Quaestiones et Solutiones in Genesim* [*Quaest. Gen.*];
- *Qaestiones et Solutiones in Exodum* [*Quaest. Ex.*].

4) As mais propriamente filosóficas:
- *Quod Omnis Probus Liber Sit* [*Prob.*];
- *De Providentia* (fragmentos) [*Prov.*];
- *De Aeternitate Mundi* [*Aet.*];

- *Alexander* (fragmentos) [*Alex.*];
- *Hypothetica* (*Apologia pro Iudaeis*) (fragmentos) [*Hypoth.*].

5) As relativas à sua atividade política e/ou ao ambiente hebraico:
- *In Flaccum* [*Flacc.*];
- *Legatio ad Caium* [*Legat.*];
- *De Vita Contemplativa* [*Contempl.*].[35]

Mas de fato, ao contrário da bibliografia de Fílon, sua biografia nos chegou em fragmentos na maior parte sem reconstituição possível. Para que o vejamos, sigamos de perto o longo esforço de Roger Arnaldez[36] por dar alguma coerência a tais fragmentos segundo a opinião dos mais abalizados especialistas no Alexandrino.

1) *Há relação entre os tratados filonianos de exegese das leis mosaicas e a vida social e política dos judeus de Alexandria?*
- Em geral, a resposta a esta pergunta é negativa: Fílon seria um filósofo puro, um meditativo fora de seu tempo, e especularia tão somente sobre um judaísmo ideal sem nenhuma realidade histórica. É a opinião de E. Bréhier e de I. Heinemann, entre outros.
- Mas há os que defendem a tese oposta. É o caso de Z. Frankel e, nuançadamente, de E. Goodenough, para os quais Fílon tinha conhecimento profundo do direito penal, do direito matrimonial e do direito de sucessão judeus.

---

[35] A mais recente edição crítica das obras de Fílon é a preparada por L. Cohn e P. Wendland, *Philonis Alexandrini Opera Quae Supersunt*, 6 vols. Berlim, 1896-1915 (acrescida de Índices por H. Leisegang em 1926-1930). Das traduções das obras completas do Alexandrino, registrem-se as seguintes: em inglês, as editadas sob a direção de F. H. Colson e G. H. Whitaker na coleção "Loeb Classical Library", Londres-Cambridge, 1929-1962; em francês, sob a direção de R. Arnaldez, J. Pouilloux e C. Mondésert para as Éditions du Cerf, Paris, 1961 ss.; e, em alemão, as editadas por L. Cohn e I. Heinemann, Breslau, 1909 ss. (Berlim, 1962-1964). Em italiano, publicaram-se em cinco volumes as 19 obras de comentário alegórico à Bíblia sob a direção de Giovanni Reale, com a colaboração de C. Kraus Reggiani, C. Mazzarelli e R. Radice, pelas Ed. Rusconi, Milão, 1981-1988.

[36] Cf. sua "Introduction Generale", in op. cit., p. 2-112.

• Roger Arnaldez, sempre disposto a encontrar um justo meio entre as opiniões extremas em pugna, diz que "a resposta a esta questão depende do que era o judaísmo alexandrino com relação ao judaísmo palestino, problema complexo que reencontraremos [mais adiante]".[37]

2) *Há relação entre as ideias religiosas, morais, filosóficas de Fílon e o judaísmo alexandrino?*
• Partindo da opinião de que é impossível saber até se Fílon sabia hebraico, Leisegang, entre outros, nega-o taxativamente. Para ele, o Alexandrino é de todo estranho ao judaísmo, assim como, aliás, a própria comunidade judia alexandrina em conjunto.
• Mas Wolfson, também entre outros, pensa exatamente o contrário. Para este historiador, Fílon, apesar de servir-se da tradução dos Setenta (a Septuaginta),[38] conhecia perfeitamente o hebraico, o que refletiria o inegável laço entre a comunidade judia alexandrina e a palestina, de que aquela seria um ramo.
• Já Arnaldez diz com lucidez que, "diante dessas duas opiniões contrárias, é-nos difícil tomar posição e carecemos de argumentos determinantes, pois os fatos que os adversários alegam são em si mesmos mínimos e é preciso interpretá-los".[39]

3) *A formação de Fílon era grega helenística ou judaica?*
Para responder a esta questão, deve distinguir-se em Fílon, por um lado, seu método e, por outro, suas ideias e sua maneira de expressá-las.

3a) Quanto a suas ideias e sua maneira de expressar-se, também se dividem as opiniões.

---

[37] Ibidem, p. 24.
[38] Tradução grega começada precisamente em Alexandria, sob o reinado de Ptolomeu Filadelfo (285-246 a.C.), para atender a uma necessidade da comunidade judia que ali se formara apropriando-se da língua grega. Para alguns, como se viu, o próprio Fílon talvez não soubesse o hebraico, ao menos não perfeitamente – questão perfeitamente insolúvel e de que não nos ocuparemos.
[39] Ibidem, p. 47.

• Para uns, como Leisegang, Fílon, estranho de todo ao judaísmo, é essencialmente estoico, e nem sequer conhece o nome de Deus; e, embora o Alexandrino, ao longo de sua obra, deixe de ocupar-se exclusivamente da filosofia grega, nunca deixa de conceber e tratar as questões judaicas de modo grego.

• Para Th. H. Billings e outros, porém, Fílon era perfeitamente platônico, o que é matizado por um Ritter, para quem o Alexandrino mesclava Platão, Pitágoras, os peripatéticos e os estoicos, e os princípios organizadores de seu pensamento eram religiosos e provenientes de fontes orientais.

• Já Zeller considera que Fílon oscila entre o estoicismo e o platonismo, que são, porém, como lembra Heinze, doutrinas inconciliáveis. Billings, por seu lado, apoiando-se em Heinze, critica em especial a Mathilde Apelt, que faz remontar a Posidônio todas as doutrinas "místicas" do Alexandrino.[40]

• Para outros, Fílon era, caracteristicamente, um eclético ao modo de Antíoco de Ascalão – o que se deixaria ver, por exemplo, pela combinação no pensamento do Alexandrino de transcendência e de imanência, ou pela identidade nele da noção de Potência, da de Logos e da de Sabedoria, tal como, justamente, já se dera no filósofo de Ascalão.

• Por seu lado, Wolfson tenta compreender Fílon pelo *terminus ad quem* do movimento inaugurado por ele – o Alexandrino seria o ancestral dos filósofos da Idade Média, o que se poderia ver por sua concepção de que a religião é "um conjunto de princípios revelados que deviam servir de pedra de toque para as produções da razão humana".[41]

• Já Bousset ressalta especialmente que a piedade de Fílon, o "primeiro teólogo" e "o primeiro místico e extático no terreno [...] especificamente monoteísta",[42] é todavia de fundo grego: o fundo da

---

[40] Aliás, para Billings, como mostra Arnaldez (na "Introduction Generale", in *op. cit.*, p. 77), "Fílon crê em Moisés e em Platão. As ideias de Platão são verdadeiras; elas, portanto, têm de encontrar-se no livro de Moisés" – tese (a de Billings) absolutamente correta. Voltaremos a este ponto.

[41] Roger Arnaldez, ibidem, p. 83.

[42] Ibidem, p. 86.

oposição entre o espírito e a matéria. Por isso o Alexandrino seguiria de preferência a ética popular estoico-cínica e encontraria seu ideal no modo de vida dos terapeutas.[43]

• Freudenthal, Frankel e Siegfried vinculam Fílon a influências vindas da Palestina e, pelo cotejo de passagens paralelas da *aggadah* helênica e da *aggadah* palestina, chegam à conclusão de uma influência recíproca, mas de caráter unilateral. "A prioridade dos comentários (*midrashim*) palestinos", anota Arnaldez, "é suposta [nesses autores] como evidente".[44]

• Critica esse procedimento E. Stein, para quem "a simples justaposição de textos e de fórmulas é insuficiente para concluir".[45] Só o faz, porém, para melhor tentar provar, explicando o alegorismo filoniano com base nos mitos do *midrash* palestino, a dependência de Fílon com respeito à *aggadah* histórica palestina.

• Quanto ao próprio Arnaldez, sem abraçar nenhuma das opiniões anteriores (nem, aparentemente, nenhuma outra), aproveita a tese de Stein para passar ao próximo ponto: precisamente o método de Fílon.

3b) Pois tampouco quanto ao método filoniano há acordo sequer razoável entre seus historiadores.

• Para Leisegang, os métodos alegóricos particulares a Fílon (de que falaremos amplamente mais adiante) são os mesmos que os estoicos empregavam, a saber, a alegoria física (a interpretação dos deuses como forças da natureza) e a alegoria moral.

• Tem opinião diferente E. Stein, para quem, em conclusão, a alegoria usada por Fílon resulta de três fontes: a) de uma *aggadah* judia histórica; b) de um modo grego de utilizar a metáfora que, porém, a ultrapassa e faz desaparecer da Teologia o Deus que age na história; c) mas também de uma fonte própria, filoniana, que não só desenvolve um mundo mitológico

---

[43] O próprio Fílon refere-se não só aos terapeutas, comunidade hebraica que se tinha estabelecido no Egito (cf. *De Vita Contemplativa*), mas também aos essênios (cf. *Prob.*, 75 ss.), a respeito das exegeses alegóricas da Bíblia em ambientes judaicos – das quais, como veremos, o Alexandrino era herdeiro.

[44] Ibidem, p. 87.

[45] Idem.

de entidades personificadas, mas acaba por absorver, finalmente, toda a imaginária em Deus mesmo.

• Já Goodenough, fundado na existência de um Mistério judeu, apresenta a alegoria filoniana menos como um método de exegese do que como uma iniciação que tem lugar em certo nível do culto e do ensinamento místicos.

4) *Que formação escolar teve Fílon?*

• Como afirma Arnaldez, é incontestável que Fílon recebeu profunda formação grega.

• Tcherikover mostra que, no início do período romano, os gregos negaram aos judeus o direito de enviar seus filhos aos estabelecimentos nacionais de educação. Mas Massebieau pensa que, dada a fortuna dos pais de Fílon, este deve ter tido professores gregos e não somente judeus helenizados.

• Quanto à formação judaica de Fílon, Leisegang considera que ele não se instruiu na Lei senão tardiamente, no próprio curso de seu trabalho de exposição e de comentário dela. Mas Wolfson, ao contrário, defende que foi instruído na sinagoga desde a mais tenra idade.

• E conclui Arnaldez que no meio intelectual onde Fílon se formou – fosse ele de cunho antes grego ou antes judaico – a retórica tinha considerável importância e reunia a maior parte dos conhecimentos de então, razão por que se poderia comparar Fílon a Cícero.

Recentemente apresentaram-se novos pontos de vista com respeito ao pensamento filoniano:[46] o de W. Kunth, em torno do conceito de pecado; o de M. Peisker, em torno do conceito de lei; o de H. Neumark, acerca das relações entre a fé e a firmeza; o de W. Völker, sobre a piedade, sobre a alegoria, etc.; o de S. Sandmel, quanto ao lugar do Alexandrino no próprio judaísmo; e assim por diante. Nenhuma dessas novas contribuições, porém, serve para desfazer a obscuridade que cerca a vida e, em algum grau, a doutrina de Fílon.

Não obstante, mesmo em meio a tantas contrariedades e a tantas obscuridades, em vez de agirmos como fez Sócrates com respeito à *phýsis*, tentemos

---

[46] Cf. Roger Arnaldez, *op. cit.*, p. 97-112.

ordenar ao menos parte da, digamos, "biografia intelectual" de Fílon segundo a progressão de sua própria doutrina. Para isso, ser-nos-á de grande utilidade acompanhar o estudo de Giovanni Reale sobre o Alexandrino,[47] ainda que cheguemos, não raro, a conclusões diversas das do pesquisador italiano.

O papel de Fílon de Alexandria
na história da filosofia e da teologia

De algum modo, Fílon de fato representou, como diz Reale,[48] uma "ruptura".

Situado entre duas épocas (a pagã e a cristã) da história geral e entre duas épocas da própria cultura helênica, é caudatário da filosofia desta não só quanto à terminologia científica mas também quanto aos mesmos quadros conceptuais. Sucede, porém, que no momento e no contexto geral – o helenístico – em que Fílon vive predomina o materialismo, que de alguma forma deita raízes no âmbito da própria escola de Platão e no da de Aristóteles após sua morte, e se acentua imensamente com as escolas subsequentes, tornando-se absoluto em todos os sentidos. O imanentismo livra-se do transcendente, e reduz a realidade ao corpóreo. Para que outra coisa aponta, por exemplo, o estoicismo? Ora, Fílon vem resgatar exatamente o incorpóreo e o transcendente, assentando-os, por certos ângulos, como veremos, de maneira ainda mais firme que Platão (embora, como também veremos, não raro represente com relação a Aristóteles um retrocesso). Ademais, sua doutrina significa sem dúvida um avanço, ainda que pleno de contradições, quanto à ética, ao fazê-la relacionar-se a Deus de modo impossível para os gregos carentes de revelação divina.[49] Em todos esses avanços, era caudatário da Revelação antiga – assim como todas as suas lacunas e todas as suas contradições se podem enquadrar no mesmo marco. Mas Fílon, como se disse, também se valeu do universo conceptual grego. Era platônico? estoico? eclético?

---

[47] Giovanni Reale, ibidem, p. 215-67.
[48] Ibidem, p. 217.
[49] Recordemos a impressionante passagem do *Fédon* (85c-d.) transcrita mais acima.

Vimos que os estudiosos do Alexandrino absolutamente não estão de acordo a este respeito. Mas podemos legitimamente pender para a opinião de Reale:

> Entre as várias correntes da filosofia grega, duas eram particularmente idôneas para garantir a mediação entre o racionalismo helênico e a religiosidade e o misticismo orientais [*sic*; melhor se diria "entre a filosofia helênica e a religião judaica"]: o pitagorismo e, sobretudo, o platonismo. E justamente essas duas filosofias, exatamente em Alexandria, começaram a ressurgir, tentando sair [do] magma eclético estoicizante [...] que se tinha formado a partir do século II a.C. [...], poucos decênios antes de Cristo.[50]

Com efeito, Fílon é, filosoficamente, antes de tudo platônico, mas também pitagórico,[51] o que porém não quer dizer que não se tenha valido, algo ecleticamente, de todos os sistemas precedentes. Os influxos da filosofia pré-socrática (Fílon admirava grandemente não só a Parmênides mas ainda a Empédocles), do estoicismo, do cinismo e até do ceticismo nos escritos do Alexandrino são inegáveis. Mas isso não constituirá em si prova de ecletismo, ou melhor, do ecletismo, do "magma" predominante em seu tempo? A razão continua com Reale:

> Predomina em Fílon [...] o espírito do platonismo. Os numerosos conceitos estoicos [de que] se valeu [e diga-se o mesmo dos conceitos das demais escolas] são sistematicamente separados dos seus fundamentos materialistas e imanentistas e reinseridos no contexto de uma metafísica espiritualista. O próprio pitagorismo só é utilizado em certa medida, explorando sobretudo a interpretação simbólica dos números a serviço da exegese alegórica de certas passagens da Sagrada Escritura [...].[52]

Incorre Reale, todavia, em contradição: se, com efeito, "não é acolhida [por Fílon] a identificação [pitagórica] das Ideias com os números e é mantido o aspecto eidético-paradigmático da doutrina platônica das Ideias *em*

---

[50] Giovanni Reale, ibidem, p. 219.
[51] Já o afirmava Clemente de Alexandria. Cf. *Stromata*, I, 15, 72, 4; II, 19, 100, 3.
[52] Ibidem, p. 221-22. – Veremos ao longo desta Apresentação por que Reale tem razão nisto.

todo o seu alcance" (grifo nosso), como é possível, então, que o filonismo seja "uma nova forma de platonismo, *reformado em alguns pontos essenciais*" (grifo do autor)?[53] "Em todo o seu alcance" não convém, de fato, com "reformado em alguns pontos *essenciais*". Por que consignamos tal contradição? Porque tudo indica que tem que ver estreitamente com uma ilusão ou limitação de perspectiva de Reale com relação a Fílon, decorrente por certo de sua confessa simpatia por determinado campo filosófico, o platônico-plotiniano-agostiniano.[54]

Ora, Reale tem, sim, razão em indicar que Fílon

> constitui um acontecimento de alcance excepcional não só no âmbito da história espiritual da grecidade e na do hebraísmo, mas também em geral, enquanto *inaugura a aliança entre fé bíblica e razão filosófica helênica, destinada a ter tão amplo sucesso com a difusão do discurso cristão* [...]. Com [Fílon] começa, em certo sentido, a história da filosofia [melhor se diria *teologia*] cristã [...].[55]

Diz mais o Italiano: "Também no âmbito do desenvolvimento da história da filosofia grega ulterior, que rejeitou o discurso cristão e permaneceu ligada à mentalidade pagã, [Fílon] teve um papel importante".[56] (Refere-se Reale à escola de Alexandria fundada por Amônio, da qual surgiria o neoplatonismo, e a Numênio, que leu e admirou Fílon, e que tanta influência exerceria sobre Plotino.) Pois bem, essas duas afirmações são verdadeiras. Mas expô-las enquanto verdadeiras não é suficiente para explicar por que e como puderam as doutrinas de Fílon influir tão profundamente em coisas tão antagônicas como o são o pensamento cristão e a filosofia neoplatônica.

---

[53] Cf. ibidem, p. 222.

[54] Cf. Giovanni Reale, *História da Filosofia Antiga*, vol. I, *op. cit.*, p. 4. (E di-lo Reale para negar que sua "posição fosse aristotélico-tomista".) Podemos dizer porém que, ao contrário daquilo em que não raro se quer crer, o liame que uniria Platão, Plotino e Santo Agostinho é *teologicamente* tão tênue, que impede se constitua efetiva continuidade entre a doutrina dos três. Mas isto é assunto para outro lugar.

[55] Giovanni Reale, *História da Filosofia Antiga*, vol. IV, *op. cit.*, p. 220. E acrescenta em nota: "Toda a nossa exposição será a prova dessa tese". Como mostraremos, tal exposição precisamente não prova de modo cabal essa tese, que é, sim, verdadeira, mas apenas *em certo sentido*.

[56] Idem.

Reale, naturalmente, não atentou para tal insuficiência porque para ele tal antagonismo não existe (se assim não fosse, ele não poderia dizer-se plotiniano-agostiniano). Mas, como dissemos, essa é uma ilusão ou limitação de perspectiva, porque de fato tal antagonismo é patente.

Bastaria arguir, para prová-lo, não só a luta *a muerte* que historicamente travariam os cristãos e os neoplatônicos, mas a própria "divisão de águas" que se deu desde os primórdios. "Num centro cultural como Alexandria", escreve Bernardino Llorca, S. I.,

> formou-se uma ideologia especial, que não era outra coisa senão uma mescla de judaísmo e de helenismo que veio a ter grande influência. O porta-voz desse sistema foi Fílon [...]. Das ideias de Platão e das dos estoicos, ele formou o conceito de um Deus incapaz de qualquer contato com a matéria. Daí a necessidade de intermediários, o principal dos quais é o Logos ou Verbo. Na doutrina de Fílon já se achava a base do gnosticismo [melhor se diria: "já se achava uma das bases do gnosticismo e a base do neoplatonismo"]. O segundo efeito [da diáspora judia] foi a influência benéfica que um núcleo muito conspícuo de judeus teve no mundo pagão que o rodeava. Com isso foi-se criando em todas as partes um círculo de admiradores e de neófitos da religião judaica, [cuja] importância para o cristianismo foi extraordinária, pois dentre eles os Apóstolos recrutaram a maior parte dos primeiros cristãos.[57]

Mas penetremos o miolo da questão, para mostrar que, se é verdade que as doutrinas de Fílon influíram tanto, por um lado, no pensamento cristão como, por outro, no gnóstico e sobretudo no neoplatônico, não o fizeram senão do seguinte e preciso modo:

• no cristão – em grande parte *negativamente*, ensejando a constituição de toda uma corrente em que se confundem razão e fé e, ademais, Filosofia e Sacra Teologia; conquanto se possam atribuir a Fílon, como veremos, contribuições benéficas com respeito à *creatio ex nihilo* e à transcendência divina;[58]

---

[57] Bernardino Llorca, S. I., *Manual de Historia Eclesiástica*. 5. ed. Barcelona, Editorial Labor S.A., 1960, p. 24.

[58] Afirmação que, porém, há de matizar-se: não só porque, como veremos, tais sementes benéficas têm mescla de malefícios, mas porque, conquanto inegável, também

• sobretudo no neoplatônico – *radicalmente, constitutivamente*; conquanto também seja inegável que o neoplatonismo logo se desembaraçou do que em Fílon se vinculava claramente à revelação do Antigo Testamento.

Antes ainda, porém, de o mostrarmos mediante estudo mais detido da doutrina filoniana, diga-se, para resolver algumas das aporias em que incorrem os estudiosos do Alexandrino: o teólogo sacro, ou seja, aquele cuja ciência depende da luz da Revelação – e Fílon o era –, é precisamente *teólogo* e não filósofo, e só filosofa e se vale de sistemas filosóficos pagãos em ordem à sua ciência sagrada. Assim Fílon, assim Santo Agostinho, assim Santo Tomás de Aquino. Qual a diferença entre eles? Fílon estava sob a luz de uma Revelação parcial e valeu-se sobretudo de filosofias pagãs defeituosas; Santo Agostino estava sob a luz da Revelação cabal, mas valeu-se sobretudo de filosofias pagãs defeituosas; e Santo Tomás estava sob a luz da Revelação cabal e valeu-se sobretudo da filosofia pagã definitiva – o aristotelismo.

Ocupemo-nos agora, então, mais intimamente de Fílon, o que servirá para provar e para ilustrar tudo quanto dissemos até aqui.

O ALEGORISMO FILONIANO

"O MÉTODO DO FILOSOFAR [melhor se diria 'teologar'] filoniano", diz com acerto Reale, "coincide com o alegorismo, o qual consiste, particularmente, em encontrar e explicar o significado oculto sob as figuras, os atos e os acontecimentos narrados no *Pentateuco*."[59]

Relembre-se, antes de prosseguirmos: o texto do Antigo Testamento a que Fílon se remete não é o original hebraico, mas a Septuaginta. Ora, esta versão grega era já uma primeira mediação entre o hebraísmo e o helenismo, o que facilitava muito a tarefa do Alexandrino, que, como diz Reale,

> estava convencido de que [...] também a Bíblia em língua grega, ou seja, a própria tradução, era inspirada por Deus [...]. Deus, diz expressamente

---

é verdade que tal influência filoniana só se deu na esteira da influência certa das próprias Sagradas Escrituras.

[59] Ibidem, p. 225.

[Fílon, em *Mos.*, II, 12-40], "inspirou" os tradutores na escolha das palavras gregas com que transpuseram as originárias, de modo que, propriamente falando, eles não foram tradutores, mas "hierofantes e profetas".[60]

E de fato era extenso o conhecimento e o estudo do Antigo Testamento por Fílon;[61] mas ele concentrou-se muito particularmente no Pentateuco ou "a Lei".[62] Considerava a Moisés não só o maior dos profetas, mas o maior dos "filósofos", razão por que para o Alexandrino ao menos grande parte das doutrinas fundamentais dos filósofos gregos tinham antecedentes justamente no profeta hebreu. Diz Reale que "a qualificação de 'filosofia mosaica' [...] é a que melhor parece caracterizar a especulação filoniana", o que não podemos aceitar integralmente, porque, como vimos, Fílon era antes teólogo, e Moisés não era filósofo nem fundou filosofia alguma. Mas, com efeito, grande parte das obras do Alexandrino constitui-se de comentários ao Pentateuco ou tem-no por referência última, e é aí que Fílon exercita especialmente seu alegorismo.

Ora, o alegorismo ou método de interpretação alegórica, Fílon já o encontrou quer no ambiente pagão, quer no ambiente judaico. Naquele, os gramáticos alexandrinos assim interpretavam Homero e Hesíodo, afora o fato de que os estoicos interpretavam as mitologias como conjuntos de símbolos de verdades "fisico-teológicas". Mas, como lembra Reale, a ideia de que a verdade se oculta sob símbolos e o conseguinte método alegorista para desvendá-los devem ter surgido no âmbito dos "mistérios", em especial os do orfismo.[63] Nestes, a iniciação consistia não só no conhecimento dos mitos e na participação em suas representações cerimoniais, mas no desentranhamento e compreensão de seu significado oculto. No entanto, também em outros âmbitos de mistérios se desenvolvera o alegorismo. É o caso do neopitagorismo, como se vê em particular na pseudoepígrafe

---

[60] Ibidem, p. 223. – Como veremos, o próprio Fílon considerava-se um "hierofante" ou "profeta".

[61] Ao longo de suas obras, ele cita trechos de ao menos dezoito livros das Escrituras antigas.

[62] *Torá (Torah)* em hebraico, e *Nómos* em grego.

[63] Cf. Giovanni Reale, ibidem, p. 225-27.

chamada *Tábua de Cibeles*, "provavelmente o documento pagão [em que] se encontra o método alegórico aplicado e desenvolvido da maneira que mais se aproxima [do] procedimento filoniano".[64] Mas não menos influência sobre Fílon devem ter exercido as fontes judaicas do alegorismo. E não se trata apenas dos paralelos que se possam encontrar entre o Alexandrino e, por um lado, os fragmentos ditos de Aristóbulo e, por outro, o autor (ao que parece um falsário) da *Carta de Aristeia* e o da *Sabedoria de Salomão*. O próprio Fílon informa-nos da existência de exegeses alegóricas das Escrituras nos círculos judaicos: fala[65] de "homens inspirados" que interpretavam grande parte das coisas contidas na Bíblia como "símbolos exprimíveis de realidades inefáveis". Ademais, o Alexandrino atribui à comunidade palestina dos essênios a meditação das Escrituras por meio de símbolos,[66] e aos terapeutas uma constante interpretação alegórica das palavras sagradas.[67]

Mas quase certamente ninguém "aplicara o método alegórico com tanta amplidão e profundidade quanto [Fílon]".[68] A trama de tal interpretação alegórica da Bíblia é-nos mostrada, resumidamente, por Bréhier. *In extenso*:

> O Gênesis, [em] seu conjunto, até o aparecimento de Moisés, representa a transformação da alma antes moralmente indiferente, que, depois, se abandona ao vício, e que, enfim, quando o vício não é incurável, retorna gradualmente à virtude. Nesta história, cada etapa é representada por um personagem. Adão (a alma neutra) é atraído pela sensação (Eva), por sua vez seduzida pelo prazer (serpente); por consequência, a alma gera em si o orgulho (Caim) com todo o seu séquito de males; o bem (Abel) é excluído, e assim a alma morre para a vida moral. Mas, quando o mal não é incurável, os germes do bem que estão nela podem desenvolver-se mediante a esperança (Enós) e o arrependimento (Henoc), até alcançar a justiça (Noé) e, depois, malgrado as recaídas (o dilúvio, Sodoma), até alcançar a santidade definitiva.[69]

---

[64] Ibidem, p. 226.
[65] Em *Spec.*, I, 8; e III, 178.
[66] Cf. *Prob.*, 75 ss.
[67] Cf. *Contempl.*, *passim*.
[68] Giovanni Reale, ibidem, p. 227.
[69] *Les Idées Philosophiques et Religieuses de Philon d'Alexandrie*. Paris, 1908, p. 43, apud Giovanni Reale, ibidem.

Com razão diz Reale que o pensamento cristão será devedor de Fílon no tocante ao alegorismo.[70] Como negá-lo se temos diante de nós as obras exegéticas, por exemplo, de um Orígenes, o Cristão (precisamente Alexandria, Egito, c. 185-Cesareia ou Tiro, 253)? O que não diz o pesquisador italiano é que tal método, conquanto tenha tido certa fortuna longeva no ambiente cristão, acabou por ser relegado pelo "literatismo" de Santo Tomás de Aquino. Devemos explicá-lo.

Antes, porém, para que ponhamos a questão em suas justas medidas, leiamos as acertadas palavras de Reale: há ainda por observar

> dois pontos muito importantes para a correta compreensão do alegorismo filoniano. *a)* [Fílon] considera que mesmo a letra da Bíblia [tem] um sentido; de fato, ele rejeita, como norma, a identificação do relato bíblico com o puro mito. O sentido literal se situa, contudo, a seu ver, num plano nitidamente inferior, permanecendo, por assim dizer, extrínseco à mensagem mosaica, enquanto a interpretação alegórica [se] situa num plano decididamente superior, alcançando a própria alma da mensagem. Ambos os significados devem ser considerados divina Revelação. *b)* O próprio [Fílon], como intérprete alegórico, considera-se partícipe da divina inspiração.[71]

Se o ponto *b)* só nos interessa aqui incidentalmente, como possível prova indireta da participação de Fílon em algum mistério hebraico ou helenístico-hebraico, o *a)*, porém, interessa-nos sobremaneira, porque toca o cerne da questão em seu aspecto propriamente teológico.

Com efeito, Fílon, como aliás um Orígenes, era um espírito suficientemente superior – e religioso – para crer que as palavras das Escrituras não tivessem nenhum valor de verdade. Crer em tal nulidade seria negar, propriamente, a veracidade da mesma religião judaica. Acontece, porém, que não só os grandes doutores católicos nunca cederam aos excessos de tal alegorismo, mas Santo Tomás de Aquino vai pôr as coisas em seu devido lugar:

> O autor das Sagradas Escrituras é Deus. Está em seu poder, para significar algo, empregar não somente palavras, o que também o homem pode

---

[70] Cf. idem.
[71] Idem.

fazer, mas também as próprias coisas. Assim, em todas as ciências as palavras são portadoras de significação, mas as Sagradas Escrituras têm como próprio que as mesmas coisas significadas pelas palavras significam algo por sua vez. A primeira significação, segundo a qual as palavras designam certas coisas, corresponde ao primeiro sentido, que é o sentido histórico ou literal. A significação pela qual as coisas significadas pelas palavras designam ainda outras coisas é o chamado sentido espiritual, *que se funda no sentido literal e o supõe*.

[...]

Como, por outro lado, *o sentido literal é aquele que o autor quer significar*, e o autor das Sagradas Escrituras é Deus, que compreende simultaneamente todas as coisas em seu intelecto, não há inconveniente em dizer, como diz Agostinho nas *Confissões* [e em *De Genesi ad Litteram*], que, *de acordo com o sentido literal*, mesmo num único texto das Escrituras se encontram vários sentidos.[72]

Sem deixarmos de reconhecer que o tema é árduo e requer profundo estudo particular, o fato é que o dito pelo Aquinate é concludente, e *de algum modo* sempre estivera suposto na doutrina dos maiores teólogos católicos, o suficiente para que não se deixassem incorrer ao menos nos patentes exageros do alegorismo filoniano-origenista.

As relações entre fé e razão, e entre Teologia e Filosofia, em Fílon de Alexandria

Como indicamos mais acima, efetivamente partiram de um mesmo ponto da doutrina de Fílon – o respeitante às relações entre fé e razão – diversas vertentes filosófico-teológicas: não só a neoplatônica e a árabe, mas também a cristã que seria combatida por alguns no âmbito mesmo do cristianismo: um São Bernardo, por exemplo, e definitivamente Santo Tomás. Por isso absolutamente não basta dizer, como Reale, que com Fílon estamos "diante de uma virada essencial do pensamento ocidental"[73]

---

[72] *Suma Teológica*, I, q. 1, a. 10, *c*. (os grifos são nossos.) – Cf. também I *Sent.*, Prol., a. 5; IV, d. 21, q. 1, a. 2; *De Pot.*, q. 4, a. 1; *Quodlib.* III, q. 14, 2.1; VII, q. 6 *per tot.*; *Ad Gal.*, c. 4, lect. 7.

[73] Giovanni Reale, ibidem, p. 229.

no tocante às relações entre fé e razão, virada que comportava desdobramentos impensáveis para a anterior filosofia grega. Apenas constatá-lo não nos faz sair dos limites do historicismo. É preciso julgar tal virada do ângulo de alguma doutrina, e em verdade assim a julga o pesquisador italiano, conquanto nem sempre claramente: julga-a assentindo a ela.

Naturalmente tem razão Reale ao dizer que os gregos anteriores a Fílon não podiam ter nenhuma experiência de revelação divina como a tida pelo povo judeu, e que o que, como visto no *Fédon* (85 c-d), podia ser para Platão uma aspiração era para Fílon realidade.[74] Sucede porém que Reale, no momento de dar suas razões para assentir à doutrina filoniana sobre as relações entre fé e razão, não as dá senão incorrendo na mesma confusão em que incorre Fílon: a confusão ou identificação ao menos implícita entre as relações entre fé e razão na Teologia e as relações entre Teologia e Filosofia, além da já indicada harmonia fundada na *confusão* entre as duas ou, ao menos, numa *identidade do sujeito* das duas.

Mas não entenderemos mais perfeitamente a doutrina filoniana se não lhe perscrutarmos de maneira mais detida as diversas partes.

O núcleo da doutrina de Fílon

Responde assim Fílon, em *De Specialibus Legibus*,[75] aos que negavam a existência das Ideias incorpóreas:

> Uns afirmam que as *Ideias incorpóreas* são um nome vazio, privado de verdadeira realidade, eliminando dos seres a sua essência mais necessária, ou seja, o modelo arquetípico de todas as qualidades essenciais, segundo o qual todas as coisas recebem forma [no sentido de *figura*] e medida. As sagradas tábuas da lei os denunciam como "mutilados". De fato, como quem foi mutilado perdeu a qualidade e a forma e não é senão, para dizê-lo

---

[74] Cf. ibidem, p. 231. E tinha razão o Ateniense em julgar negativamente a "inspiração divina" tal como lhe era dado vê-la: aquele tipo de "inspiração" que punha o indivíduo "fora de si", "fora da razão". Para ele, e corretamente dada todas as suas circunstâncias, o saber propriamente filosófico (ou *dialética*) não podia não ser o saber superior e, de fato, o único propriamente chamado tal.

[75] I, 327-329, apud Giovanni Reale, ibidem, p. 83-93.

propriamente, matéria informe [o que é falso, dizemos nós], assim a doutrina que suprime as Ideias desorganiza todas as coisas e as conduz à realidade anterior à distinção dos elementos, ou seja, [à] realidade privada de forma e de qualidade. E o que poderia ser mais absurdo? Segundo a doutrina das Ideias, de fato, Deus gerou todas as coisas, sem contudo ter contato direto – não era lícito, com efeito, que o Ser feliz e bem-aventurado tocasse a matéria ilimitada e confusa –, mas valeu-se das Potências incorpóreas, cujo verdadeiro nome é Ideias, para que todo gênero de coisas assumisse a forma que lhe convinha. Ao invés, a doutrina que suprime as Ideias introduz muita desordem e confusão; de fato, eliminando as Ideias das quais derivam as qualidades, elimina também a qualidade.

O trecho que acabamos de ler gira em torno das seguintes teses, fundamentais na doutrina de Fílon:

a) sem Ideias arquetípicas, exemplares, não seria possível que as coisas do mundo tivessem forma e medida, ou seja, qualidades, e reinaria nele o caos – como pouco mais ou menos diria Platão; e note-se que para Fílon, como para Platão, é como se a matéria não fosse criatura de Deus;

b) tais Ideias distinguem-se de Deus: são Potências, mas são inferiores a ele, que as usa como a instrumentos para a criação das coisas do mundo – o que é contrário à doutrina platônica, para a qual pelo menos a Ideia do Bem-Uno está acima de Deus ou Demiurgo, que forma [não cria] as coisas do mundo ele mesmo, tomando as Ideias como a modelos e valendo-se da matéria informe para matéria-prima.

Nesta breve passagem, portanto, está cifrado todo o pensamento filoniano sobre Deus, sobre o Logos, sobre as Potências e sobre a criação, com todos os seus acertos e com todos os seus erros. Estudemo-lo mais de perto, por partes.

I. Deus segundo Fílon

Antes e apesar de tudo, é neste ponto que a doutrina do Alexandrino nos parece mais sólida (parece-nos natural, ademais, que assim seja num teólogo sob a luz da Revelação, ainda que incompleta). Com efeito, com respeito a isto distingue Fílon dois problemas: *primeiro*, o da demonstração da existência de Deus; *segundo*, o do entendimento de sua essência ou natureza.

1) Quanto ao primeiro, di-lo solúvel mediante determinadas provas que considero de fundo sobretudo socrático,[76] sem deixar porém de ser platônico.[77] Eis duas delas, ao que parece das mais importantes:

> As obras são sempre, de algum modo, indícios dos artífices. Quem, de fato, à vista de estátuas ou de quadros não pensou no escultor ou no pintor? Quem, à vista de roupas, naves, casas, não pensou no tecelão, no armador, no arquiteto? E quando alguém entra numa cidade bem ordenada, na qual os negócios civis são muito bem organizados, que poderá pensar senão que esta cidade é governada por boas autoridades? Assim, o que chega à cidade verdadeiramente grande, que é o cosmo, vendo os montes e as planícies repletos de animais e de plantas, as torrentes dos rios e dos riachos, a extensão dos mares, o clima bem temperado, a regularidade do ciclo das estações, e depois o sol e a lua [,] dos quais dependem o dia e a noite, as revoluções e os movimentos dos outros planetas e das estrelas fixas de todo o céu, não deverá [formar] como verossimilhança e, antes, com necessidade a noção do Criador, Pai e também Senhor? De fato, nenhuma das obras de arte se produz a si mesma, e o cosmo implica suma arte e sumo conhecimento, de modo que deve ter sido produzido por um artífice dotado de conhecimento e de perfeição absolutos. Desse modo formamos a noção da existência de Deus.[78]
>
> É impossível que exista em ti um intelecto disposto de modo a ter a função de cabeça, à qual obedece toda a comunidade dos órgãos do corpo e à qual se submete cada um dos sentidos e que, ao invés, o cosmo, que é a obra mais bela, maior e mais perfeita e do qual todas as outras coisas constituem simples partes, seja sem soberano que o tenha unido e o governe com justiça. E, se o soberano é invisível, não deves admirar-te. Nem mesmo o intelecto que existe em ti é visível. O que reflete sobre essas coisas tentando explicá-las sem partir de longe, mas de perto, de si mesmo e das coisas que lhe estão ao redor, chegará de modo claro à conclusão de que o cosmo não é o primeiro Deus, [senão] que é obra do primeiro Deus e pai de todas as coisas, o qual, mesmo sem ter ele mesmo forma [no sentido, uma vez mais, de *figura*], torna visíveis todas as coisas, pequenas ou grandes, e torna manifestas as naturezas. Não considerou digno deixar-se compreender pelos olhos do corpo [*sic*], talvez porque não seria coisa santa que um mortal tivesse

---

[76] Cf. Xenofonte, *Memoráveis*, I, cap. 4, *passim*, e IV, 3, 1-14; e Platão, *Filebo*, 28d ss.
[77] Do Platão das *Leis*, X, *passim*.
[78] *Spec.*, I, 32-35, apud Giovanni Reale, ibidem, p. 239.

contato imediato com o eterno, talvez também por fraqueza de nossa vista [sic]. De fato, ela não teria podido acolher a luz que provém do Ser, pois não é nem mesmo capaz de olhar diretamente os raios do sol.[79]

Dê-se por descontado o mais grosseiro destas duas provas, a saber, este final da segunda. Com efeito, não se trata de dignidade, nem de santidade, nem de coisas que tais. Sim, porque embora o argumento do "não ser nem sequer capaz de olhar diretamente o sol" tenha ascendência ilustre, não vale senão analogicamente quando se trata de Deus: porque, de fato, a impossibilidade de os olhos carnais verem a Deus (e a qualquer substância separada de matéria, ou seja, os anjos e as almas humanas separadas do corpo) não é acidental, mas essencial e absoluta. Não só isto, porém: é igualmente essencial e absoluta a impossibilidade de qualquer intelecto criado ver a essência divina sem a luz da glória.[80] Descontado este erro grosseiro, diga-se que as duas provas aqui apresentadas, de fundo, como dito, socrático-platônico, não são destituídas de interesse. Fundam-se de fato em argumentos *quia* ou *a posteriori*, ou, como dizia Fílon, "de baixo para cima",[81] como requeria já São Paulo, e como fazem as cinco vias de Santo Tomás,[82] contrariamente à tendência neste assunto de um Santo Anselmo (a qual, digamos, é ultrarrealista à partida, mas idealista ao termo).[83] Não obstante, o certo é que não são concludentes: porque, efetivamente, o que estas duas provas filonianas fazem é mostrar que o mundo não pode passar sem um Demiurgo formador e governante; mas não preparam, como as cinco vias de Santo Tomás, para a prova de que este mundo não pode ter sido criado senão *ex nihilo*, de nada. Decorrerá isso da incerteza de Fílon quanto à eternidade da matéria informe? Muito provavelmente.

---

[79] *Abr.*, 74-76, apud Giovanni Reale, ibidem, p. 239-40.
[80] Cf. Santo Tomás de Aquino, *Suma Teológica*, I, q. 12 toda, mas especialmente artigos 1-5 e 11-12.
[81] Cf. *Praem.*, 23, apud Giovanni Reale, ibidem, p. 240.
[82] Em *Suma Teológica*, I, q. 2, a. 3.
[83] Cf. Santo Anselmo de Canterbury, *Proslogium*, cap. II-III, e Santo Tomás de Aquino, *Suma Teológica*, I, q. 2, a. 1.

2) O segundo problema é de fato espinhoso: se podemos conhecer a essência ou natureza de Deus. O ponto de partida de Fílon é correto: não, não podemos; a essência de Deus é incompreensível para o homem.[84] Também o dirão todos os grandes doutores católicos, e mais claramente que nenhum Santo Tomás. A transcendência de Deus, diz ainda o Alexandrino, é absoluta: transcende não só à natureza humana, mas também à do céu e à de todo o universo. "Não há nada que seja semelhante a Deus", insistia: Deus está acima da Ideia do Uno e da do Bem, está acima da vida, está acima da ciência, está acima da virtude.[85] É a fonte de toda a realidade, e não está em lugar algum, mas ao mesmo tempo a tudo preenche e a tudo contém.[86]

Mas só seu ponto de partida é correto. Sim, porque daí a doutrina filoniana deriva para dois equívocos graves.

a) o afirmar que a transcendência ontológica de Deus implica uma transcendência gnosiológica absoluta, o que o torna não só completamente inefável, mas ainda inexprimível e indesignável por nomes;

b) o negar que Deus tenha atributos, na linguagem filoniana, "qualitativos" (ou seja, ele é "sem qualidade").

Com isso lançava uma semente poderosa de que brotaria a chamada "teologia negativa ou apofática", que teria fortuna tanto no âmbito da mesma teologia cristã como no da teologia judaica (Maimônides) e no da filosofia pagã tardia (a teologia das *Enéadas* de Plotino).[87] No entanto, o conhecimento de alguns atributos de Deus é possível, ainda que não univocamente, mas tampouco de todo negativamente: e sim analogicamente. Em palavras mais precisas: trata-se antes de tudo, em ordem ao conhecimento dos atributos de Deus e da criação *ex nihilo*,[88] dos seguintes quatro passos analógicos:

---

[84] Cf. *Spec.*, I, 331 ss., e também *Decal.*, 52 ss., apud Giovanni Reale, ibidem, p. 238.

[85] Cf. *Opif.*, 8. Cf. também *Praem.*, 40; *Fug.*, 198; *Contempl.*, 2, apud Giovanni Reale, ibidem, p. 242.

[86] Cf., por exemplo, *Leg.*, I, 44; III, 4; III, 51; *Confus.*, 136 ss.; *Somn.*, I, 61 ss., apud Giovanni Reale, idem.

[87] Fortuna sempre conducente, em especial quanto ao conhecimento de Deus, à *aequivocatio* em lugar da analogia. São frutos disso, por exemplo, o nominalismo, o idealismo, o empirismo.

[88] Conhecimento que permite, ademais, que fundadamente possamos dar nomes a Deus.

- *há* uma causa (afirmação):
- *in*causada (negação);
- ***super***causa (sublimação); e
- caus***ante*** (relação).[89]

É bem verdade que, aparentemente, Fílon não o negaria, porque, com efeito, contrariando sua mesma doutrina, em vários lugares atribui a Deus diversas "qualidades": di-lo incorpóreo, único, autossuficiente, imóvel, imutável, eterno, onipresente, onisciente, onipotente, criador e providente, como, aliás, decorre das mesmas Escrituras – o Antigo Testamento – à luz das quais "teologa" o Alexandrino. Não obstante, "trairia a concepção filoniana de Deus", diz acertadamente Giovanni Reale, "quem desse a esses atributos, e a outros que se poderiam ainda elencar, uma excessiva importância: a natureza de Deus está *acima* de todos esses atributos".[90] Não se pode escapar à convicção de que Fílon incorre em autocontradição: se em Deus atributos e natureza não se identificam, como o podia dizer maximamente simples?

É ainda verdade que, quanto ao nomear a Deus, Fílon tem um grande acerto: bebendo, aqui, na mesma fonte que a teologia cristã e especialmente Santo Tomás – o livro do Êxodo –, diz que um nome expressa propriamente a Deus: *Ser*, ou *Ente*, ou *O que possui Ser*. Sim, porque em célebre passagem do Êxodo (3,14) Deus mesmo diz a Moisés, segundo também a própria Septuaginta: "Eu sou Aquele que é". Embora sem levar a expressão às últimas consequências metafísicas, o fato é que o Alexandrino a usa sistematicamente, e até, vez por outra, parece tangenciar a conclusão de que a essência de Deus é Ser:

> "Moisés tomou a tenda e a plantou fora do campo" (Ex 33,7): ele a pôs longe do acampamento do corpo, esperando poder ser desse modo apenas um suplicante e um perfeito servo de Deus. Ele disse que essa tenda [se chamava] tenda do Testemunho, e com toda [a] precisão:

---

[89] Cf. Santo Tomás de Aquino, *Suma Teológica*, I, q. 3, a. 5, ad 2; e Pe. M. Teixeira-Leite, ibidem, p. 94-95.

[90] Giovanni Reale, ibidem, p. 243, n. 27.

a tenda d'Aquele que É existe e não só é denominada. Entre as virtudes, de fato, a que é própria de Deus existe verdadeiramente, porque *só Deus subsiste no ser* (...); por essa razão necessária Moisés dirá [no Êxodo]: "Eu sou Aquele que é" (...).[91]

Ficasse por aí, muito bem. Sucede todavia que, como é comum em Fílon, a um acerto se segue também aqui um equívoco: termina ele o parágrafo que acabamos de ver com: "[...] enquanto as coisas que vêm depois d'Ele não são segundo o ser, mas [se considera que subsistem] apenas por opinião."[92]

Nega-se assim entidade aos entes, numa revivescência do pior da filosofia pagã.

II. A criação segundo Fílon

Naturalmente, o Alexandrino "teologa" sobre a criação sob a luz do Gênesis; mas recorre para tal ao auxílio do *Timeu* platônico. E, se os estudiosos se dividem entre os que consideram que Fílon deu mais peso à narração do *Timeu* que à da Bíblia e os que consideram que o teólogo judeu foi muito além da obra de Platão, cremos que estaremos no certo se nos situarmos entre tais extremos. Vejam-se de perto os sucessivos passos da doutrina filoniana da criação:

• entre os atributos ou propriedades de Deus – que, todavia, como vimos, Fílon contraditoriamente reputava incognoscíveis –, a principal é o *agir*;[93]

• este agir é propriamente a atividade demiúrgica, que se dá segundo o já visto: Deus criou o mundo mediante Potências instrumentais.

Demos outra vez a palavra a Fílon:

> Alguns compreenderam que a arte com [que] Deus criou todas as coisas, sem sofrer tensão nem distensão, mas permanecendo sempre a mesma no supremo limite da perfeição, produziu cada um dos seres de modo

---

[91] Ibidem, p. 244 (grifo nosso).
[92] Idem.
[93] Cf. *Cher.*, 77, e *Leg.*, I, 5, apud Giovanni Reale, ibidem, p. 245.

perfeito, tendo o Criador utilizado todos os números e todas as Ideias para alcançar a perfeição.[94]

• Quanto, no entanto, a se para Fílon Deus tudo criou a partir de nada, não é possível ter certeza. Ora parece que sim, ora parece que não. Vejamos algumas passagens do Alexandrino em que parece que sim: "Deus produziu o mundo, a sua obra perfeitíssima, a partir do não ser ao ser".[95] "Deus suscitou a totalidade das coisas do não ser."[96] "Deus, quando gerou todas as coisas, não as tornou simplesmente visíveis, mas produziu o que antes não era, sendo Ele não apenas Demiurgo, mas Criador."[97]

E agora outras passagens suas em que parece que não:

> Se alguém quiser investigar a causa por que esse todo foi criado, parece-me que não errará o alvo ao dizer, como disse também um dos antigos, que o Pai e Criador é bom e que, por isso, não recusou a graça de sua excelente natureza a uma substância que em si mesma não tem nada de belo, conquanto seja capaz de vir a ser tudo; sim, porque, se por si mesma era desordenada, desprovida de qualidade, desprovida de vida, dissimilar, cheia de heterogeneidade, de desarmonia e de desacordo, foi objeto porém de uma conversão e de uma mudança que lhe imprimiram as qualidades contrárias e mais excelentes: ordem, qualidade, vitalidade, semelhança, identidade, harmonia e acordo, tudo quanto é próprio da mais elevada das ideias.[98]

> De fato, também os artesãos, os que são valorosos, quaisquer que sejam as matérias das quais se servem, boas ou más, desejam produzir obras dignas de elogio. Alguns, antes, movidos pelo amor ao belo, fizeram com matérias de menor valor obras mais engenhosas [que as] que foram feitas com materiais mais valorosos, tendo-se proposto [a] compensar com a contribuição da sua habilidade técnica a deficiência da matéria. Diante de Deus

---

[94] *Her.*, 156-157, apud Giovanni Reale, ibidem, p. 246.
[95] *Mos.*, II, 267, apud Giovanni Reale, ibidem, p. 247.
[96] *Leg.*, III, 10, apud idem.
[97] *Somn.*, I, 76, apud idem. – Segundo Giovanni Reale (ibidem, p. 247), ademais, de algumas passagens do *De Providentia* (I, 6-22; II, 48-50) talvez se possa concluir o mesmo.
[98] *Opif.*, 21 s.

nenhuma coisa material tem valor; por consequência, tornou partícipe da sua própria arte tudo de modo igual. "Deus viu todas as coisas que tinha feito, e eram todas boas" (Gn 1, 31), e tudo o que recebe o mesmo louvor tem o mesmo valor diante de quem louva. Mas Deus [ATENÇÃO] não louvou a matéria que tinha sido objeto da sua elaboração, privada de vida, desordenada e destinada a dissolver-se, e, ademais, por si corruptível, mas louvou as obras produzidas pela sua arte e realizadas mediante uma Potência única, igual e uniforme e mediante uma ciência igual e idêntica.[99]

Aristóteles resolveu parte do problema: nunca houve nem pode haver matéria sem forma. Santo Tomás completou-o cabalmente: tudo, matéria e forma, ou seja, a matéria informada, foi criado *ex nihilo*, de nada. E Fílon? Afinal, cria ou não que a matéria é coeterna a Deus, ou, com Platão, que preexiste à criação do mundo? Repita-se: parece-nos impossível decidi-lo. Terá havido oscilação ou progresso em Fílon quanto a isto? Quase certamente houve oscilação; talvez tenha havido progresso.

Uma última observação neste ponto, esta favorável a Fílon: para ele a criação é gratuita, é um dom. Leiamo-lo:

> Todas as coisas são graça de Deus, e nada é dom da criatura, porque não é sua posse, enquanto tudo é posse de Deus, e por isso também a graça só a Ele pertence. Aos que buscam o princípio da criação poder-se-ia com todo [o] direito responder que [ATENÇÃO] é a bondade e a graça de Deus, com a qual beneficiou o gênero que veio depois d'Ele: de fato, tudo o que existe no cosmo e o próprio cosmo é um dom, um benefício, uma graça de Deus.[100]

> Tudo é graça de Deus: terra, água, ar, fogo, sol, astros, céu, todos os animais e todas as plantas. Deus não faz nenhuma graça a si mesmo, porque não tem necessidade disso, mas dá o mundo ao mundo, dá as partes às próprias partes, e, reciprocamente, umas às outras, e, ademais, ao todo.[101]

Nisto avança Fílon com respeito a Aristóteles, alicerçado que está não só na Revelação mas no mesmo Platão – com efeito, o Demiurgo

---

[99] *Her.*, 157-160, apud Giovanni Reale, ibidem, p. 246.
[100] *Leg.*, III, 78, apud Giovanni Reale, ibidem, p. 247-48.
[101] *Deus.*, 107, apud Giovanni Reale, ibidem, p. 248.

do *Timeu* faz o mundo por vontade e por bondade próprias. E com isso, ainda que de modo acidental, contribui inegavelmente para o desenvolvimento inicial da teologia cristã.

III. O Logos e as Potências segundo Fílon

Estamos no terreno ao mesmo tempo mais enigmático e mais perigoso da doutrina de Fílon. Tentemos entendê-lo.

Querendo criar de modo o mais adequado o mundo sensível, o Deus primeiro produz o *mundo inteligível*. Em outros termos, será este mundo inteligível o modelo incorpóreo da realidade corpórea, assim como um arquiteto forma na alma um projeto da casa antes de empreender sua construção. Pois bem, o Logos é justamente a Potência ou atividade de Deus que cria as realidades inteligíveis paradigmáticas. Leiamos, quanto a isto, as seguintes passagens de *De Opficio Mundi*:

> Também com relação a Deus se há de supor algo semelhante: tencionando construir uma megalópole, concebeu antes uma noção de seus tipos, a partir dos quais compôs o mundo inteligível, para produzir por sua vez também o mundo sensível servindo-se daquele como de um modelo. Ora, assim como a cidade previamente constituída no íntimo do arquiteto não tem lugar fora dele, mas estava impressa na alma do artesão, assim também o mundo constituído a partir das ideias não poderia ter outro lugar senão o Logos divino, que as pôs em ordem. Haveria porventura algum outro lugar para suas potências que fosse capaz de receber e conter não digo todas, mas uma só ideia pura, qualquer que seja?
>
> E, se alguém quiser fazer uso de termos mais despojados, poderá dizer que o mundo inteligível não é outra coisa senão o Logos de Deus entregue já à criação do mundo, pois a cidade inteligível não é outra coisa senão o raciocínio do arquiteto entregue já ao plano de construir a cidade.

Pois bem, nessas linhas parece que o Logos divino coincide com a Razão ou atividade pensante de Deus, ou seja, com algo não distinto dele, imanente a ele. Mas, como diz Giovanni Reale, logo Fílon

> distingue [de Deus] o Logos e faz dele quase uma hipóstase, e o denomina até [...] "filho primogênito de Deus", "Deus segundo", "imagem de Deus".

Em algumas passagens, fala dele até [...] como de causa instrumental e eficiente. Noutras passagens, ao invés, fala dele como de Arcanjo, mediador entre Criador e criatura (enquanto não é [...] incriado como Deus, mas tampouco criado como as criaturas mundanas), o Arauto da paz de Deus, o conservador da paz de Deus no mundo.[102]

Como se vê, conquanto por vezes, como quer Reale, o Logos de Fílon soe com alguma semelhança com o Logos que é a segunda pessoa da Santíssima Trindade ("filho primogênito de Deus", "causa eficiente"), não podemos de modo algum concordar com o historiador italiano nisto: como o Logos filoniano seria ao mesmo tempo a semente de onde brotaria a segunda hipóstase plotiniana (o *Noûs*) e teria nexos com o Prólogo joanino, relativo à segunda pessoa da Santíssima Trindade? Ora, o Prólogo de João, inspirado e referente a verdades inalcançáveis pela razão, não pode ter nexos com uma concepção filosófica ou deformadora do dito já no Gênesis. No máximo teríamos semelhança material, de expressão, até porque, como vimos, tais semelhanças se alternam com diferenças radicais entre o Logos filoniano ("causa instrumental", "Arcanjo") e o Logos joanino (que não só é o Verbo de Deus e a segunda pessoa da Santíssima Trindade, mas é *consubstancial* ao Pai).[103]

Ademais, as dificuldades que se apresentam com respeito ao Logos filoniano reaparecem quando se trata das Potências em geral de que fala o Alexandrino (entre as quais, afinal, se conta o mesmo Logos, a Potência da Razão). Se fossem consideradas como algo imanente a Deus, como atributos seus, nada haveria que reparar grandemente; mas o fato é que Fílon se refere a elas como a entes incorpóreos *intermediários* entre Deus e o mundo, como se se tratasse das "próprias junturas do universo físico".[104]

---

[102] Giovanni Reale, ibidem, p. 249.
[103] Além de que a ideia do Logos ou Verbo de Deus como Arcanjo provavelmente influiu na tese – que tanto fortuna teria entre os árabes (mais radicalmente em Averróis, mas também em Avicena) e até em âmbito cristão (os averroístas) – de um único intelecto geral para todos os homens como substância separada (tese vitoriosamente combatida por Santo Tomás de Aquino em *De Unitate Intellectus contra Averroistas*).
[104] Giovanni Reale, ibidem, p. 251.

Fílon fala sobretudo de duas dessas Potências, as supremas: a Potência Criadora, com que ele cria o universo, e a Potência Real, com que governa o criado. Segundo especialistas, corresponderiam tais Potências aos dois nomes bíblicos de Elohim e de Yahweh: o primeiro "exprimiria a potência e a força do bem e, portanto, da criação"; o segundo, "a força legisladora e punitiva".[105] Como quer que seja, o fato é que o Alexandrino é explícito quanto à relação entre o Logos e as duas Potências principais (às quais se subordinam as outras): ora atribui ao Logos, que é já uma Potência, a função de reunir as demais[106] (além de reunir em si, como se verá, o conjunto das Ideias); ora o considera sua fonte.

Como se conjugaria tudo isso, e sobretudo se se considera que tais Potências são entes distintos de Deus, é o que, parece, não se pode saber satisfatoriamente. Ao fim e ao cabo, aliás, a doutrina plotiniana das hipóstases não faz mais que dar certa coerência aparente — tão só aparente — a tais obscuridades. E cabe aqui, sobretudo, insistir num ponto: Fílon não teria chegado à tese do Logos e das demais Potências se não estivesse convencido de que Deus é incapaz de qualquer contato com a matéria; tal contato lhe tiraria dignidade ou nobreza, o tornaria propriamente ignóbil. Tem-no resolvido clara e cabalmente Santo Tomás de Aquino, mas, apesar da opinião em contrário de um Aubenque,[107] já o solucionara o mesmo Aristóteles: o incorpóreo que move o corpóreo toca-o com sua virtude sem, todavia, ser tocado; e assim, *como agente*, Deus move sem ser movido — e sem perder dignidade ou nobreza alguma com isso.[108]

IV. Ainda as Ideias segundo Fílon

JÁ DISSEMOS QUE Fílon assimilou de modo próprio a tese platônica das Ideias. Insistamos no assunto, e aprofundemo-lo, e veremos que este modo próprio convém perfeitamente com a doutrina do Alexandrino, a qual,

---

[105] Idem.

[106] Cf. *Cher.*, 27.

[107] Cf. *El Problema del Ser en Aristóteles*, Madri, Taurus, 1984, p. 342-54 e 371, apud, Carlos Augusto Casanova, ibidem, p. 126, n. 279.

[108] Cf. *Física*, VIII, 5, 258a 18-22; e Carlos Augusto Casanova, ibidem, p. 125-33.

como vamos vendo, é *antes de tudo* e *propriamente* uma predecessora quase imediata do plotinismo.

Aparentemente estamos na antessala da maneira como Santo Agostinho[109] salva a tese platônica das Ideias. Mostra-o o Angélico:

> Porque a razão própria de uma [coisa] se distingue da razão própria de outra, e porque a distinção é princípio de pluralidade, é necessário considerar no intelecto divino certa distinção e a pluralidade das razões entendidas, na medida em que o que está no intelecto divino é a razão própria das diversas [coisas]. Donde, como isto se dá na medida em que Deus intelige a própria relação de assimilação que cada criatura tem com ele, resulta que as razões das coisas não são muitas nem distintas no intelecto divino senão enquanto Deus conhece que as coisas podem assimilar-se a ele de muitos e diversos modos. É neste sentido que Agostinho afirma que "Deus faz o homem segundo uma razão, e o cavalo segundo outra, e assim estão as razões das coisas em pluralidade na mente divina" [*loc. cit.*]. Com isso se salva também a opinião de Platão a respeito das Ideias, segundo as quais se formaria tudo quanto existe nas coisas materiais.[110]

Acompanhemos agora a Fílon. O "Ser que verdadeiramente é", o "Ser absoluto" (são expressões do próprio Alexandrino), é Deus e somente Deus, diversamente do que dizia Platão, para o qual pelo menos a Ideia do Uno-Bem seria superior ao Demiurgo. Se assim é, segundo Fílon, também as Ideias são criadas; seguem sendo paradigmas, mas não absolutos, porque derivadas do Criador, e foram criadas por ele para que produzissem um mundo físico perfeitamente organizado. Diz até o nosso teólogo que por um aspecto as Ideias, como formas concretas de coisas concretas, são imanentes ao sensível. Pois bem, se se parasse por aqui, efetivamente a opinião filoniana acerca das Ideias apontaria para a doutrina cristã. Sucede, porém, que não se para por aqui. Vejamo-lo.

Antes de tudo, para Fílon o lugar das Ideias não é propriamente a mente de Deus, mas o Logos, que como vimos pode ser ou talvez seja

---

[109] Em *Lib. Octoginta Trium Quaest.*, q. 46.
[110] Santo Tomás de Aquino, *Suma contra os Gentios*, I, c. 54, n. 7-9.

diverso de Deus. E, se é verdade, por um lado, que as Ideias se relacionam com as Potências e diferem destas de vários modos,[111] sobretudo por terem função mais limitada e por serem antes modelos ou causas exemplares, por outro lado, porém, "é preciso observar que, na medida em que o Logos [em que] elas se encontram serve também de causa instrumental e eficiente na criação do mundo, como já dissemos, então, também [por] este aspecto particular, enquanto produzem as coisas, podem ser consideradas e ditas Potências ou atividades produtoras".[112] É preciso todavia ir além do que vai o historiador italiano: se as Potências, como vimos, e afinal o próprio Logos não são Deus, e se as Ideias residem no Logos e podem dizer-se de algum modo, elas mesmas, Potências,[113] então Fílon, ao fim e ao cabo, não só não se livrou totalmente do erro platônico, mas aponta sobretudo para a doutrina das hipóstases a que chegou Plotino – o qual, lembremo-lo, provinha justamente do ambiente alexandrino.

Conclusão breve

Ainda teríamos por estudar muitas outras partes da doutrina de Fílon de Alexandria, todas mais ou menos dotadas de interesse (a angelologia, a antropologia, a ética, etc.), e todas padecentes da mesma alternância entre acertos e erros. Mas é hora de terminar, para dar lugar à leitura das obras mesmas do Alexandrino. Ademais, parece-nos que o dito nesta Apresentação é já suficiente para provar o anunciado em seu início: que a doutrina de Fílon em conjunto, como cruzamento de caminhos que é, não pode compreender-se mais perfeitamente se se desconhece o marco religioso e teológico em que se inscreve. Foi o que buscamos dar a conhecer.

***

---

[111] Cf. Giovanni Reale, ibidem, p. 254 (e n. 60).
[112] Ibidem, p. 255.
[113] Afinal, como visto, Fílon mesmo escreveu que, para criar, Deus "valeu-se das Potências incorpóreas, cujo verdadeiro nome é Ideias".

APRESENTAÇÃO

Da Criação do Mundo e Outros Escritos consta das seguintes obras filonianas:

- *Da Criação do Mundo segundo Moisés* (*De Opificio Mundi*);
- *Da Incorruptibilidade do Mundo* (*De Aeternitate Mundi*);
- *Da Imutabilidade de Deus* (*Quod Deus Sit Immutabilis*);
- *Da Providência* (*De Providentia*).

Foram todas traduzidas por LUÍZA MONTEIRO DUTRA diretamente dos originais gregos como se encontram em *Thesaurus Linguae Graecae*, biblioteca digital de textos gregos. O *Thesaurus* não produz suas próprias edições, mas utiliza-se de edições impressas. Seus textos provêm de edições críticas diversas. Muitas vezes usam-se as edições de Cambridge, mas no caso de Fílon nem todos os textos são de Cambridge; alguns são das edições alemãs da De Gruyter. Em nosso caso, para *De Opificio Mundi*, usou-se a edição de L. Cohn, *Philonis Alexandrini Opera Quae Supersunt*, vol. 1. Berlim, Reimer, 1896 (repr. De Gruyter, 1962), p. 1-60; para *De Aeternitate Mundi*, usou-se a de L. Cohn e S. Reiter, *Philonis Alexandrini Opera Quae Supersunt*, vol. 6. Berlim, Reimer, 1915 (repr. De Gruyter, 1962), p. 120-154; para *Quod Deus Sit Immutabilis*, usou-se a de P. Wendland, *Philonis Alexandrini Opera Quae Supersunt*, vol. 2. Berlim, Reimer, 1897 (repr. De Gruyter, 1962), p. 56-94; para *De Providentia*, usou-se a de F. H. Colson, *Philo*, vol. 9. Cambridge, Mass., Harvard University Press, 1941 (repr. 1967), p. 454-506.

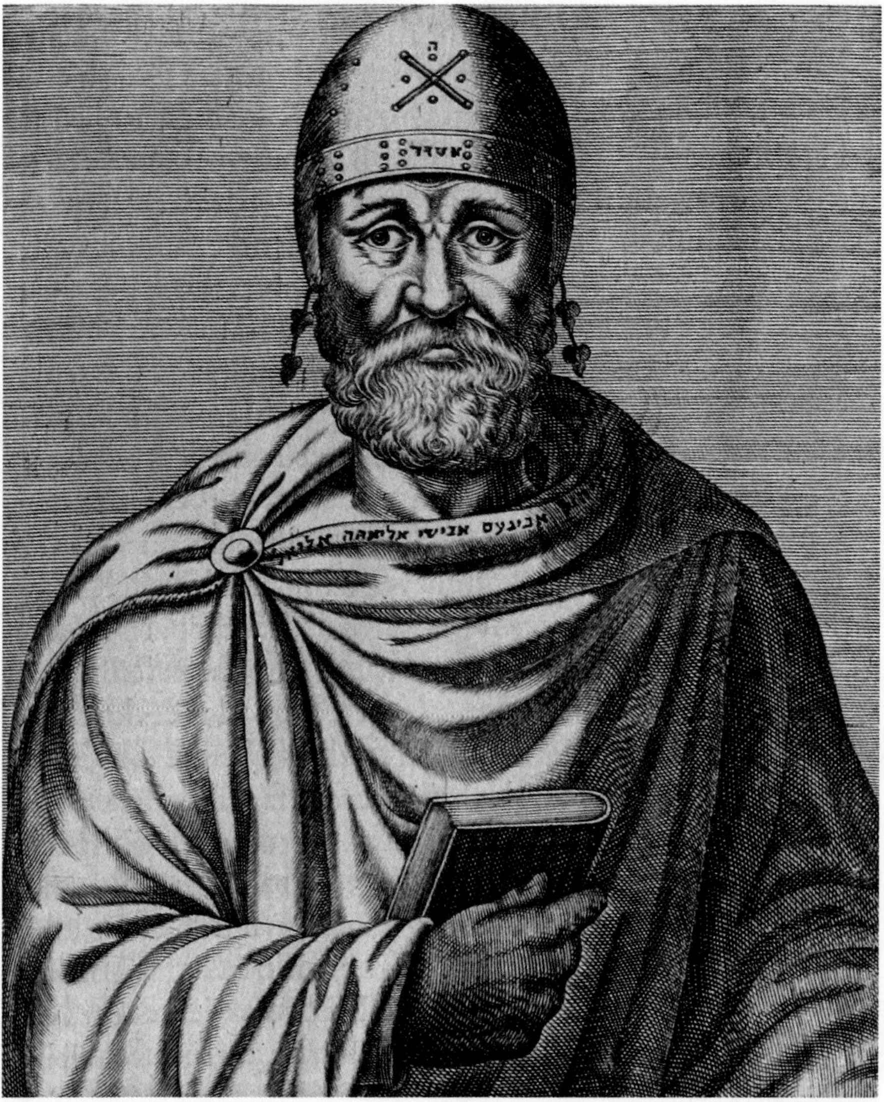

*DA CRIAÇÃO
DO MUNDO*
Ɛ
OUTROS
ƐSCRITOS

DE OPIFICIO MUNDI

DA CRIAÇÃO DO MUNDO SEGUNDO MOISÉS

[1] Entre os legisladores, uns estabeleceram decretos sem adornos e nus, por eles considerados justos; outros, cercando seus conceitos [*noêmata*] de grande e pretensa imponência, mascararam a verdade com ficções míticas e cegaram a multidão. [2] Mas Moisés deu um passo adiante de ambos os procedimentos – de um, porque irrefletido, indolente e afilosófico, e do outro, porque mentiroso e cheio de burlas – e deu às leis o mais belo e mais venerável princípio, sem sugerir diretamente o que é preciso praticar ou, ao contrário, não praticar, nem plasmar mitos ou consentir com os que foram narrados por outros, uma vez que era necessário moldar antes as inteligências [*diánoiai*]¹ dos que haveriam de fazer uso das leis. [3] O princípio, como eu dizia, é a maior das maravilhas: contém a criação do mundo [*kosmopoiía*], porque tanto está o mundo de acordo com a lei como a lei de acordo com o mundo. E o homem que se ajusta à lei é cosmopolita, pois conforma suas ações segundo o desígnio da natureza, de acordo com a qual o mundo inteiro é administrado. [4] Por conseguinte, a beleza dos conceitos [*noêmata*] da criação do mundo não poderia ser cantada por ninguém, poeta ou prosador, pois ultrapassa palavra e som, sendo demasiado grande e venerável para adaptar-se aos órgãos de um mortal. [5] No entanto, não devemos ficar parados por isso; muito

---

¹ Em todos os textos de Fílon que compõem este volume, *diánoia* vem traduzida ora por "inteligência", ora por "pensamento", segundo o mais adequado ao contexto. (N. Coordenador da Coleção.)

pelo contrário, por causa do amado de Deus,[2] devemos arriscar-nos além até de nossa capacidade para dizer não algo extraído de nosso próprio depósito, mas, ao invés de muitas, umas poucas coisas, que é natural a inteligência [*diánoia*] humana possuída pelo amor e pelo desejo de sabedoria atingir primeiro. [6] Pois, assim como a representação de estaturas colossais pode ser gravada no menor dos selos, assim também, penso, as excelsas belezas da criação do mundo descritas nas leis, belezas que ofuscam a alma dos que deparam com seu fulgor, haverão de manifestar-se em pequenas figuras, desde que antes tenha sido revelado aquilo que não é digno de manter em silêncio.

[7] Alguns homens se maravilharam mais com o mundo que com seu criador e declararam que o mundo é incriado e eterno,[3] enquanto forjavam impuramente a mentira de uma imensa inatividade [*apraxía*] de Deus, quando deveriam, ao contrário, ficar estupefatos com suas potências de Criador e Pai, sem louvar o mundo além da medida. [8] Moisés, que alcançou o ponto mais elevado da filosofia em si mesma e foi instruído pelos oráculos nas muitas e mais essenciais doutrinas da natureza, sabia perfeitamente que é de primeira necessidade existir uma causa ativa e uma passiva. A ativa é o Intelecto [*noûs*] do todo [*hóloi*], completamente puro e não misturado, superior à virtude, superior ao conhecimento, superior ao próprio bem e ao próprio belo; [9] a passiva, por si mesma inanimada e imóvel, é porém movida, configurada e animada pelo Intelecto [*noûs*], e transforma-se, assim, na obra perfeitíssima que é este mundo. Quanto a este último, os que afirmam ser ele incriado não percebem que desse modo cortam pela raiz o que há de mais vantajoso e mais necessário para a piedade: a providência [*prónoia*]. [10] Com efeito, a razão persuade-nos de que o Pai e Criador se preocupa com o que gerou ou criou, pois um pai visa à preservação de seus descendentes, e um artífice à de suas obras. Ele arranca deles, por todos os seus meios, tudo quanto é prejudicial e nocivo e busca ardorosamente provê-los de tudo quanto é vantajoso e proveitoso. E não há nenhum vínculo entre o que não foi criado e o que não criou. [11] Trata-se

---

[2] Ou seja, Moisés. (N. T.)
[3] Ao que parece, a alusão dirige-se especialmente a Aristóteles. (N. T.)

de uma doutrina insustentável e daninha, que instaura neste mundo uma anarquia como a de uma cidade desprovida de guardião, de árbitro ou de juiz, a cargo dos quais é normal ficar a administração e o controle de tudo. [12] Mas o grande Moisés, considerando que o incriado é completamente diverso do visível – uma vez que tudo o que é sensível, sujeito à geração e às mudanças, jamais continua a ser do mesmo modo –, atribuiu ao invisível e inteligível a eternidade na qualidade de irmã e parente, e ao sensível deu o apropriado nome de "gênese" [*génesis*]. Por conseguinte, já que este mundo é visível e sensível, tem de ser necessariamente criado. Não foi, pois, sem propósito que Moisés descreveu a gênese do mundo, falando de Deus com especial reverência.

[13] Diz Moisés que o mundo foi criado em seis dias não porque o Criador tivesse necessidade de certo espaço de tempo – pois é provável que Deus tenha feito todas as coisas de uma só vez, não só ordenando-as, mas também concebendo-as –, senão porque nas coisas criadas é necessário ordem. Algo próprio à ordem é o número; e, pelas leis da natureza, o mais gerativo dos números é o seis, pois é o primeiro perfeito depois da mônada, igual ao produto de suas próprias partes e constituído a partir de sua soma:[4] sua metade é a tríada, sua terça parte é a díada, e sua sexta parte é a mônada. Por assim dizer, ele é feminino e masculino por natureza, um composto dessas duas potências, pois nos entes o ímpar é masculino e o par é feminino. Ora, o princípio dos números ímpares é a tríada, o dos pares é a díada, e o produto dos dois é a héxada. [14] Sendo o mundo a mais perfeita das coisas criadas, era preciso que fosse construído conforme o número mais perfeito, a saber, o 6, e que, estando prestes a conter em si os entes gerados a partir da combinação, recebesse a impressão de um número misto, o primeiro par-ímpar, que encerrava tanto a ideia do masculino, que dissemina, como a do feminino, que recebe as sementes. [15] Ele atribuiu a cada um dos dias algumas das porções do todo, à exceção do primeiro, a que Ele nem sequer chama primeiro, a fim de que não seja contado com os demais; mas, ao chamá-lo "um", aplica-lhe o nome exato, observando a natureza e a denominação da mônada e chamando-a assim.

---

[4] $3 + 2 + 1 = 6$; e $3 \times 2 \times 1 = 6$. (N. T.)

Como falar de tudo é impraticável, há que dizer ao menos quanto possível o que está incluído neste dia. Ele encerra, com efeito, o notável mundo inteligível separado, como indicado na passagem sobre ele. [16] Pois Deus, precisamente por ser Deus, sabia de antemão que uma bela imitação em tempo algum poderia surgir sem ter algo belo como modelo, e que nenhuma das coisas sensíveis poderia ser irrepreensível se não tivesse sido moldada segundo uma ideia arquetípica e inteligível; e, querendo produzir tal mundo visível, moldou antes o inteligível, a fim de utilizá-lo como modelo incorpóreo e à imagem de Deus, e realizou o mundo corpóreo, réplica mais recente do anterior, e destinada a conter tantas espécies sensíveis quantas inteligíveis há no outro.

[17] Não é legítimo dizer ou supor que o mundo constituído a partir das ideias esteja em determinado lugar, mas saberemos como é constituído se tomarmos atentamente como modelo certa imagem tirada de nossas próprias experiências. Quando se funda uma cidade para satisfazer a enorme ambição de um rei ou de algum chefe que aspiram ao poder absoluto e que, no fulgor de sua magnificência, dão um aumento de lustre à sua prosperidade, por vezes se apresenta um desses homens com formação em arquitetura e, observando o bom clima e a boa localização do lugar, primeiro delineia na mente todas as partes da cidade que ele deve construir: templos, ginásios, pritaneus, praças públicas, portos, diques, ruelas, fortificações, fundações das casas e dos edifícios públicos. [18] A seguir, recebendo na alma, como numa cera, as impressões de cada uma dessas coisas, leva impressa na mente uma cidade inteligível, cujos fantasmas [*eídōla*]⁵ despertam graças à memória inata e cujos caracteres são impressos ainda mais intensamente; como um bom artífice, contemplando o modelo, começa a erguer a cidade em pedra e madeira, fazendo que as realidades corpóreas se conformem às ideias incorpóreas. [19] Também com relação a Deus se há de supor algo semelhante: tencionando construir uma megalópole, concebeu antes uma noção [*énnoia*] de seus tipos, a partir dos quais compôs o mundo inteligível, para produzir por sua vez também o mundo sensível servindo-se dele como de um modelo.

---

[5] Fantasma: "imagem mental", como usado, por exemplo, por Platão no *Fédon*. (N. T.)

[20] Ora, assim como a cidade previamente constituída no íntimo do arquiteto não tem lugar fora dele, mas estava impressa na alma do artesão, assim também o mundo constituído a partir das ideias [*idéai*] não poderia ter outro lugar senão o *Lógos* divino que as pôs em ordem. Haveria porventura algum outro lugar para suas potências que fosse capaz de receber e conter não digo todas as ideias puras, mas uma só, qualquer que seja? [21] A criação do mundo também é uma potência, que tem como fonte o verdadeiro bem. Assim, se alguém quiser investigar a causa por que esse todo foi criado, parece-me que não errará o alvo ao dizer, como disse também um dos antigos, que o Pai e Criador é bom e que, por isso, não recusou a graça de sua excelente natureza a uma substância [*ousía*] que em si mesma não tem nada de belo, conquanto seja capaz de vir a ser tudo; [22] sim, porque, se por si mesma era desordenada, desprovida de qualidade, desprovida de vida, dissimilar, cheia de heterogeneidade, de desarmonia e de desacordo, foi objeto porém de uma conversão e de uma mudança que lhe imprimiram as qualidades contrárias e mais excelentes: ordem, qualidade, vitalidade, semelhança, identidade, harmonia e acordo, tudo quanto é próprio da mais elevada das ideias [*idéai*].

[23] Sem nenhum auxiliar – pois que outro existia? –, mas apoiado somente em si mesmo, Deus entendeu que era preciso beneficiar com graças superabundantes e ricas uma natureza que, sem o dom divino, não seria capaz de obter nenhum bem por si mesma. No entanto, Ele não agiu benevolentemente em proporção com a grandeza de suas graças – pois elas são ilimitadas e infinitas –, mas conforme a capacidade dos beneficiários. De fato, o bem experimentado pelos entes criados não é tão grande como o bem que por natureza Deus pode fazer. As potências de Deus ultrapassam-nos, e eles são tão débeis para receber a grandeza delas, que sucumbiriam se Ele não tivesse medido e pesado harmoniosamente o que cabe a cada um. [24] E, se alguém quiser fazer uso de termos mais despojados, poderá dizer que o mundo inteligível não é outra coisa senão o *Lógos* de Deus entregue já à criação do mundo, pois a cidade inteligível não é outra coisa senão o raciocínio do arquiteto entregue já ao plano de construir a cidade. [25] Esta doutrina é de Moisés, não minha. Como quer que seja, ao descrever em seguida a gênese do homem, ele afirma expressamente que foi

moldado à imagem de Deus (Gn 1, 27). Ora, se a parte é imagem da imagem, é evidente que a ideia [*idéa*] inteira, a totalidade deste mundo sensível, sendo maior que o humano, é uma imitação da imagem divina. Também é evidente que o selo arquetípico que dizemos ser o mundo inteligível não pode ser senão o *Lógos* de Deus.

[26] Diz Moisés que "no princípio Deus criou o céu e a terra", entendendo "princípio" não segundo o tempo, como alguns supõem. Antes do mundo não havia tempo, que surgiu junto com o mundo ou depois dele, uma vez que o tempo é um intervalo [*diástēma*] do movimento [*kínēsis*] do mundo,[6] e o movimento não poderia surgir antes daquilo que se move. Mas o tempo é necessariamente da mesma idade ou mais novo que o mundo. Declará-lo mais velho é um atrevimento não filosófico. [27] Mas, se "princípio", neste caso, não se entende segundo o tempo, seria verossímil pensar que se desse a conhecer segundo o número, de forma que "no princípio criou" equivaleria a "primeiro criou o céu". De fato, é efetivamente razoável pensar que ele foi o primeiro a ser criado, uma vez que é a mais excelente das coisas criadas e foi formado da mais pura substância [*ousía*]; estava, pois, destinado a ser a santíssima morada dos deuses visíveis e sensíveis. [28] Com efeito, ainda que o Criador tenha criado todas as coisas de uma só vez, as coisas que surgiram dotadas de beleza não tinham menos uma ordem, pois não há nada belo na desordem. Ora, a ordem é uma sucessão e uma concatenação de coisas que precedem e de coisas que se seguem, se não nos efeitos, ao menos nos desígnios dos artífices, pois é assim que seriam levadas à perfeição sem erro nem confusão. [29] Por conseguinte, o Criador criou primeiro o céu incorpóreo, a terra invisível, a ideia [*idéa*] do ar e do vazio. Chamou a um trevas, porque o ar é escuro por natureza; ao outro chamou-o abismo, pois o vazio é muito profundo e imenso. A seguir, criou a essência incorpórea da água e do sopro [*pneúma*] e, ao fim de tudo, um sétimo elemento, a luz, modelo incorpóreo e inteligível do sol e de todos os astros luminosos que viriam a existir no céu.

[30] Ele considerava dignos de privilégios o sopro [*pneúma*] e a luz: ao primeiro chamou "sopro de Deus", porque o sopro é o que há de mais

---

[6] Ou seja, o lapso de tempo em que se dá este movimento, sua duração. (N. C.)

vivificante e Deus é a causa da vida; quanto à luz, disse que era de beleza transcendente (Gn 1, 4). De fato, o inteligível é mais luminoso e mais brilhante que o visível, assim como o sol – suponho – o é mais que as trevas, o dia que a noite, o intelecto [*noûs*] – comandante da alma inteira – que os olhos do corpo. [31] Aquela luz invisível e inteligível surgiu como imagem do *Lógos* divino, do *Lógos* que explica sua gênese. Ela é uma estrela hiperurânia,[7] fonte dos astros sensíveis: não erraria o alvo quem a chamasse manancial de toda e qualquer luz, do qual o sol, a lua e os demais corpos celestes – os planetas e os astros fixos – recebem as luzes adequadas à capacidade de cada um. Não misturado e puro, aquele raio de luz se enfraquece quando começa a alterar-se na mudança que vai do inteligível ao sensível, pois não há nada não misturado entre as coisas sensíveis.

[32] Também é correta a afirmação de que "as trevas estavam sobre o abismo" (Gn 1, 2), pois o ar está de certo modo sobre o vazio, uma vez que ao subir preenche todo o espaço vasto, deserto e vazio que se estende dos altos arrabaldes da lua até nós. [33] Após se ter posto a brilhar a luz inteligível, nascida antes do sol, recuaram as trevas, seu contrário, porque Deus as apartou, separando-as como por um muro, consciente que estava da oposição e do conflito entre suas naturezas. Fê-lo para evitar que sempre que se encontrassem discordassem e predominasse a guerra em lugar da paz, o que acabaria por introduzir a desordem no mundo. Não só separou luz e trevas, mas também pôs limites no intervalo entre elas, com os quais forçou o recuo de cada uma das extremidades. Se tivessem permanecido vizinhas, se não tivessem sido separadas pelos limites fixados entre elas, impedindo-lhes a contenda, decerto haveriam de causar confusão na disputa pelo poder, atacando-se mutuamente na medida de seu grande e incessante espírito contencioso. [34] Tais limites são o entardecer e o amanhecer. Este, ao afastar suavemente as trevas, anuncia que o sol está para nascer, ao passo que o entardecer se dá com o pôr do sol, recebendo gentilmente a súbita arremetida das trevas. Também eles – falo do entardecer e do amanhecer – devem ser postos na ordem das coisas incorpóreas e inteligíveis, já que não há nada de sensível ali, mas tão somente ideias [*idéai*], medidas,

---

[7] Hiperurânia: "supraceleste", "que está para além dos céus". (N. T.)

tipos e impressões, coisas incorpóreas que visam à geração de outras, corpóreas. [35] Mas depois de a luz ter sido criada e de as trevas se terem retirado, cedendo-lhe lugar, depois de o entardecer e o amanhecer terem sido introduzidos como limites no intervalo entre eles, constituiu-se necessária e imediatamente uma medida de tempo a que o Criador chamou "dia"; não "primeiro" dia, mas dia "um", dito assim em razão da singularidade do mundo inteligível, cuja natureza é unitária.

[36] O mundo incorpóreo, portanto, já tinha uma delimitação e fora fundado sobre o *Lógos* divino, mas o sensível estava criando-se perfeitamente segundo esse modelo. E, como a primeira e mais excelente de todas as suas partes, o Artífice fez o céu, que com toda a propriedade denominou "firmamento", por ser corpóreo. Com efeito, o corpo é sólido por natureza, por ser tridimensional. E há alguma outra noção [*énnoia*] do sólido e corpóreo afora a de que é aquilo que tem dimensão em todos os sentidos? Portanto, foi com razão que, tendo oposto ao inteligível e incorpóreo o sensível e de aspecto corpóreo, chamou a este último "firmamento". [37] Em seguida, com correção e com toda a autoridade, denominou-o "céu" [*ouranós*], seja porque é o limite de todas as coisas [*hóros*], seja porque foi o primeiro dos entes visíveis [*horatoí*] a ser gerado.[8] Mas o dia que se seguiu à sua criação Ele chamou-o "segundo", reportando ao céu, por causa do valor e da dignidade que ele tem entre os sensíveis, toda a duração e medida do dia.

[38] Depois disso, como a massa de água se espalhasse por toda a terra e penetrasse todas as suas partes como a uma esponja saturada de líquido, consequentemente se formou um pântano, um denso lamaçal, porque os dois elementos se misturavam e confundiam numa massa de natureza única, amorfa e indistinta. Deus, então, deu ordem para que toda a água salgada, que estava prestes a tornar-se causa de infertilidade para as sementes e as árvores, se reunisse, brotando das fendas da terra inteira,

---

[8] Fílon aproxima semanticamente, aqui, *ouranós*, *hóros* e *horatoí*, que, todavia, apesar de foneticamente semelhantes, têm raízes muito diferentes. O autor parece inspirar-se na duvidosa etimologia proposta por Platão no *Crátilo* (396c): *ouranós* seria um composto de *horôsa* (particípio do verbo *horáō*, "ver") e de *ánō* ("acima", "de cima"), de modo que o céu seria o que "vê do alto". (N. C.)

e para que aparecesse assim o continente. Ordenou ainda que se deixasse uma reserva de água doce para sua conservação – pois, quando bem dosada, a água doce é uma espécie de cola para os elementos separados –, com o propósito de evitar que a terra secasse completamente e se tornasse estéril e infértil. Também o fez para, como uma mãe, ela prover os filhos não de um único gênero de nutrição, a comida, mas de dois, a comida e a bebida. É por isso que Ele inundou os veios, que, quais seios, ao se abrirem haveriam de manar rios e fontes. [39] De modo não inferior, estendeu as fissuras úmidas e escuras por toda a terra próspera e produtiva visando a uma copiosíssima produção de frutos. E, ordenadas essas coisas, deu-lhes nomes: chamou terra ao seco; e mar à água que dela fora separada.

[40] Então, Ele começou a adornar a terra de modo variado. Deu ordem para que despontassem o verde e as espigas, produzindo assim plantas de todas as qualidades, abundantes pastos e tudo quanto viria a servir de forragem para os rebanhos e de alimento para os homens. Além disso, também fez crescer todas as espécies de árvores, sem deixar nenhuma de lado, nem as selvagens, nem as chamadas árvores cultivadas. E, à diferença do que ocorre atualmente, foram carregadas de frutos no momento mesmo em que se deu sua primeira aparição.

[41] Atualmente, as coisas geradas vão surgindo aos poucos, em momentos diferentes, e não de uma vez e numa única estação. Quem não sabe que em primeiro lugar se dão as semeaduras e os plantios e em segundo lugar o crescimento das coisas semeadas e plantadas: o crescimento das primeiras para que as raízes se estendam terra abaixo, como um alicerce, e o das outras para que se lhes estenda e cresça o tronco para cima, em direção ao alto? Dão-se em seguida o florescimento e o crescimento das folhas, e ao fim a copiosa produção dos frutos. Mais uma vez, o fruto ainda não está completo, mas sujeita-se a todos os tipos de mudança, uns segundo a quantidade (em seu tamanho), outros segundo a qualidade (na multiplicidade de suas formas). O fruto, com efeito, nasce à semelhança de grãos indivisíveis, por cuja pequenez são dificilmente visíveis, e que podem sem erro ser chamados primeiros sensíveis. Depois disso, por causa tanto do nutriente que carrega água e irriga a árvore como da boa temperatura dos ventos, que, com suas

brisas ao mesmo tempo frescas e suaves, vivificam e nutrem, o fruto cresce pouco a pouco, até chegar a seu volume total. E, com o tamanho, muda também a qualidade, como se se tornasse ornado de variadas cores pela arte de um pintor.

[42] Na primeira geração do universo, como eu disse, Deus dotou de perfeição toda a matéria das plantas da terra, as quais tinham frutos não incompletos, mas primorosos, para o pronto e imediato uso e fruição dos animais que nasceriam a seguir. Ele, então, ordenou à terra que os gerasse, [43] e ela, como se estivesse grávida desde havia muito e entrasse em trabalho de parto, deu à luz todas as coisas semeadas, as árvores todas e ainda as indizíveis classes de frutos. Mas os frutos não eram apenas o alimento desses animais, mas também provisões visantes à perpétua geração de seus semelhantes, uma vez que continham as substâncias procriadoras em que se encontram as invisíveis e ocultas razões do universo, tornadas visíveis e claras nos ciclos das estações. [44] É certo que Deus quis prolongar a natureza, fazendo perpétuos os gêneros e tornando-os partícipes da imortalidade. Com isso conduzia e impelia o princípio na direção do fim e fazia o fim retornar ao princípio: com efeito, vem das plantas o fruto, como do princípio o fim; e, como do fim o princípio, vem do fruto a semente, que por sua vez encerra em si a planta.

[45] No quarto dia, depois da terra, Ele adornou de modo diversificado o céu. Não que o tenha colocado num plano inferior ao da terra, dando privilégio à natureza inferior e considerando digna de segundo plano a melhor e mais divina. Mas fê-lo para dar uma demonstração claríssima da soberania de seu poder. Pois Ele sabia de antemão quais seriam os juízos dos ainda não gerados homens – esses vaticinadores das coisas verossímeis e plausíveis, nas quais há algo de muito razoável, mas não de verdade pura –, sabia que eles se deixariam convencer mais pelas aparências que por Deus, maravilhando-se mais com a sofística [*sophisteía*] que com a sabedoria [*sophía*], e sabia ainda que, depois de observarem novamente os ciclos do sol e da lua segundo os quais se sucedem verões e invernos e retornam a primavera e o outono, suporiam que as revoluções dos astros no céu são as causas de tudo o que nasce e brota da terra ao longo dos anos. Então, a fim de que não se atrevessem – ou por

impudente temeridade, ou por excesso de ignorância – a atribuir a causa primeira a nenhuma criatura, Deus disse: [46]

> Que eles se remontem com seus pensamentos [*diánoiai*] à primeira gênese de todas as coisas, quando antes mesmo do sol e da lua a terra produziu todas as sortes de plantas e todas as sortes de frutos. E que, ao contemplarem com seus pensamentos, tenham a esperança de que também no futuro haverá de produzi-los segundo a ordem do Pai, quando lhe parecer que já não há necessidade para tal de sua progênie no céu, à qual deu certos poderes, mas não império absoluto.

Como um cocheiro que retém as rédeas, como um piloto ao leme, Ele conduz todas as coisas, onde quer que seja, segundo a lei e a justiça, sem necessidade de outro. Porque para Deus tudo é possível.

[47] Essa é a causa por que a terra germinou e se encheu de verdor. Já o céu foi adornado depois, num número perfeito, a tétrada, a que não erraremos se chamarmos origem e fonte do número perfeito, a década. Pois o que a década é em ato, é-o a tétrada em potência, ao que parece. Assim, se se somarem os números da mônada à tétrada, teremos por resultado a década, que é o limite da infinita série dos números, e em torno do qual eles giram e se dobram como numa curva. [48] Ademais, a tétrada contém também as relações dos acordes musicais: o de quarta, o de quinta, o de oitava e o de oitava dupla, relações que realizam o sistema mais perfeito. A relação de quarta é quatro terços [*epítritos*]; a de quinta é três meios [*hēmiólios*]; a de oitava é o dobro [*diplásios*]; e a da oitava dupla é o quádruplo [*tetraplásios*].[9] A todas essas relações, a tétrada abarca-as: o sesquitércio, na relação de quatro a três; a sesquiáltera, na relação de três a dois; o dobro, na relação de dois a um ou de quatro a dois; o quádruplo, na relação de quatro a um.

[49] Existe ainda outra propriedade da tétrada, admirabilíssima de dizer e de apreender, pois foi a primeira a mostrar a natureza do sólido, dado que os números anteriores a ela são consagrados às coisas incorpóreas. Com efeito, o que em geometria se chama "ponto" é ordenado

---

[9] Cf. Platão, *Timeu*, 36a. (N. T.)

conforme o um, e a linha conforme o dois, porque do escoamento do um se constitui o dois, e do escoamento do ponto se constitui a linha. A linha, por sua vez, é comprimento sem largura; mas, quando se lhe adiciona largura, surge a superfície, que é ordenada conforme a tríada. Para que a superfície alcance a natureza do sólido, é necessária a profundidade, dimensão que, unida à tríada, gera a tétrada. Donde ter esse número enorme valor: ele conduz-nos das substâncias incorpóreas e inteligíveis à noção [*énnoia*] do corpo tridimensional, o primeiro sensível por natureza.

[50] Quem não tiver entendido o que se disse, haverá de compreendê-lo inteiramente por meio de um jogo muito habitual. Os que jogam com nozes costumam colocar três nozes sobre um plano, pondo-lhe mais uma adiante, de modo que se forme uma figura piramidal. Ora, o triângulo colocado sobre o plano estende-se até à tríada, enquanto a noz que lhe é adicionada produz a tétrade na ordem dos números e a pirâmide – um corpo já sólido – na ordem das figuras.

[51] Por outro lado, não se deve ignorar o seguinte: o primeiro dos números quadrados é o quatro – produto da multiplicação de um número por si mesmo e medida de justiça e de igualdade –, e só ele é naturalmente gerado tanto por adição como por multiplicação dos mesmos números: adição de dois mais dois e multiplicação de dois vezes dois, exibindo assim certa forma belíssima de harmonia que não ocorre em nenhum dos demais números. O seis, por exemplo, é a soma de duas tríadas, mas não é o produto de sua multiplicação, que é o nove. [52] A tétrada tem ainda muitas outras propriedades, que deverão mostrar-se com maior exatidão num tratado que verse exclusivamente sobre o que é próprio deste número. Por ora é suficiente acrescentar o seguinte: ele é o princípio da criação do céu e da terra inteiros, pois os quatro elementos de que esse todo foi fabricado manam – como de uma fonte – da tétrada dentre os números. Ademais, as quatro estações do ano, causas do nascimento dos animais e das plantas, são distribuídas por quatro partes do ano: inverno, primavera, verão e outono.

[53] Portanto, como o número de que falei fosse considerado digno de privilégio na natureza, foi no quarto dia que o Criador, conforme a necessidade, adornou o céu de belíssimo e diviníssimo ornamento, os astros

brilhantes. E, ciente de que a luz é o mais excelente dos entes [*tà ónta*], proclamou-a o instrumento do mais excelente dos sentidos, a visão. Pois o que é o intelecto [*noûs*] na alma, é-o o olho no corpo. Ambos veem: o primeiro, as coisas inteligíveis; o segundo, as sensíveis. E o intelecto necessita de ciência [*epistḗmē*] para conhecer as coisas incorpóreas, ao passo que para perceber as corpóreas o olho necessita da luz, causa ainda de muitos outros bens para os homens, especialmente o maior deles, a filosofia. [54] Com efeito, guiada para o alto pela luz, observando tanto a natureza dos astros e seus movimentos harmoniosos como as bem ordenadas órbitas dos corpos celestes, dos que são fixos e dos que giram – os primeiros no mesmo sentido e de maneira igual, os outros desigualmente e em sentido contrário com revoluções duplas –, e as danças de todos eles, cadenciadas de acordo com as leis de uma música perfeita, a visão proporcionava à alma indescritível deleite e prazer. Mas a alma, alimentada por espetáculos ininterruptos, que se seguem um após outro, tinha uma avidez insaciável de contemplação, e, segundo seu habitual pendor, perguntava-se, curiosa, qual a essência dessas coisas visíveis (se são incriadas por natureza ou se sua gênese se deu em dado momento), de que maneira se dá seu movimento e quais as causas que regem cada uma delas. Da busca dessas coisas surgiu o gênero da filosofia – e não entrou na vida humana bem mais perfeito que este.

[55] Com o olhar posto na ideia [*idéa*] da luz inteligível de que falamos a propósito do mundo incorpóreo, Deus criou os astros sensíveis, imagens divinas de todo belas que Ele pôs no céu como no mais puro santuário da essência corpórea. Fê-lo com muitos fins: um, para que iluminassem; outro, para que servissem de sinais; outro, para que indicassem as estações do ano; e, sobretudo, para que distinguissem os dias, os meses e os anos, que não só se tornaram as medidas do tempo, mas geraram a natureza do número. [56] Com isso, fica de todo claro quanto cada um dos astros mencionados proporcionou de útil e vantajoso. Por outro lado, para uma compreensão mais exata, não será sem propósito buscar também com a razão a verdade. Como a totalidade do tempo foi dividida em duas partes, o dia e a noite, o Pai concedeu o poder do dia ao sol, como a um grande rei, e o da noite à lua e à multidão dos demais astros. [57] A magnitude do poder e da primazia do sol tem a mais clara prova no seguinte, que já foi

assinalado: sendo um só, ele obteve por quinhão, para si e sobre si, a parte correspondente à metade da totalidade do tempo, o dia, enquanto todos os demais astros juntos, incluída a lua, obtiveram por quinhão a outra parte, a noite. E, quando o sol se ergue, não só empalidece a visibilidade desses astros, mas eles chegam a tornar-se invisíveis ante a difusão de sua claridade; mas, com o pôr do sol, todos os outros começam a mostrar em conjunto suas próprias qualidades.

[58] Ademais, como disse o próprio Moisés, os astros não foram criados apenas para enviar luz à terra, mas também para desvelar os sinais do que está por vir. É por meio das ascensões dos astros, de seus ocasos, de seus eclipses, de seus aparecimentos e de seus desaparecimentos, ou de outros movimentos, que os homens conjecturam o que sobrevirá: abundância e escassez de frutos, nascimento e morte de animais, tempo claro e tempo nebuloso, placidez e violência dos ventos, cheias e vazantes dos rios, calmarias e agitações do mar, e inversões nas estações do ano (um verão invernoso, um inverno quente, uma primavera outonal, ou um outono primaveril). [59] Já houve quem predissesse tremores de terra, abalos sísmicos e milhares de outros fenômenos insólitos por conjecturas baseadas nos movimentos no céu, de modo que se diz, sem falsidade alguma, que os astros "foram criados para ser sinais" e, além disso, "para marcar os momentos" (Gn 1, 14). Ele considerou como momentos as estações do ano, e fê-lo não sem razão, pois, com efeito, o que é conceito de "momento" senão o de "tempo de sucesso"? As estações, levando todas as coisas à completa maturação, levam a efeito com sucesso tanto a geração como o crescimento dos frutos e dos animais. [60] Mas os astros também foram criados para servir de medida dos tempos, pois os dias, os meses e os anos foram determinados pelas revoluções regulares do sol, da lua e dos demais astros. E manifestou-se imediatamente o que há de mais útil: a natureza do número revelada pelo tempo. De fato, de um dia vem o número um; de dois dias, o dois; de três, o três; do mês, o trinta; do ano, o número de dias equivalente a doze meses; e do tempo ilimitado, o número ilimitado. [61] Tais são a amplitude e a necessidade das funções úteis a que se estende tanto a natureza das coisas celestes como os movimentos dos astros. E eu poderia dizer ainda que se estendem a muitas outras funções por

nós desconhecidas – porque nem tudo é cognoscível para os mortais –, as quais, porém, contribuem para a permanência do universo, e são levadas a efeito em todos os lugares e de todos os modos segundo as regras e leis que, no conjunto do mundo, Deus definiu como inalteráveis.

[62] Uma vez adornados a terra e o céu com os ornamentos convenientes – aquela no dia da tríada, este no da tétrada, como se disse –, Deus empreendeu no quinto dia a moldagem da vida nas raças mortais, a começar pelas aquáticas. E fê-lo por considerar que não há duas coisas tão congêneres como a pêntade e os animais, pois os entes animados [*émpsykhos*] não diferem dos inanimados [*ápsykhos*] senão pela sensação, e a sensação, por sua vez, tem cinco partes (visão, audição, paladar, olfato e tato). A cada uma delas o Criador atribuiu uma matéria particular e um critério próprio, a partir do qual julga as coisas que lhe estão sujeitas. Atribuiu à visão as cores, à audição os sons, ao paladar os sabores, ao olfato os odores, e ao tato a maciez e a dureza, a quantidade de calor ou de frio, a lisura e a aspereza. [63] Desse modo, deu ordem para que ganhassem forma todas as raças de peixes e de cetáceos, diferentes em tamanho e em qualidade conforme os lugares em que vivem, conquanto às vezes suceda serem as mesmas em mares diferentes. Não as formou, contudo, todas em todas as partes, e não o fez sem razão, pois, enquanto umas espécies se deleitam no mar lodoso e não muito profundo, outras, incapazes de rastejar na terra e de nadar longe dela, se deleitam nas angras e enseadas; outras, ainda, acostumadas a viver em alto e profundo mar, evitam ficar perto dos promontórios que avançam na água, das ilhas ou dos rochedos. Umas se deleitam em águas calmas e mornas, enquanto outras em vagalhões e agitações, pois, ao se exercitarem com os incessantes choques e com a violência dos movimentos, se tornam mais poderosas e se robustecem ainda mais. Imediatamente depois, produziu Ele as espécies de aves, como irmãs das aquáticas – pois estas e aquelas flutuam –, sem deixar imperfeito nenhum tipo de animal que se movimenta pelo ar.

[64] Como a água e o ar já tivessem recebido em quinhão as espécies convenientes de animais, Deus convocou uma vez mais a terra a gerar as partes que restavam – e restavam, além das plantas, os animais terrestres. Disse Ele: "Que a terra produza os rebanhos, os animais selvagens e os

répteis, segundo a sua espécie" (Gn 1, 24), e ela logo produziu as coisas tal como ordenado, diferentes na constituição, na força física e na potência imanente de prejudicar ou de beneficiar. E, em seguida a todas essas espécies, fez o homem. [65] O modo como o fez di-lo-ei mais adiante, após mostrar que Ele fez uso de uma belíssima concatenação na sucessão com que concretizou a geração dos animais. Assim, entre as almas, a mais inerte e menos trabalhada coube à espécie dos peixes; a mais diligente e melhor em tudo, à dos homens; e o meio-termo entre as duas, às espécies dos animais terrestres e das aves, dado terem sentidos mais desenvolvidos que os dos peixes, mas mais obtusos que os dos homens. [66] Foi por isso que, entre os entes dotados de alma, gerou primeiro os peixes, que participam mais da essência corpórea que da anímica e, de algum modo, são simultaneamente animais e não animais, entes inanimados [ápsykha] dotados de movimento em que não foi infundida a essência anímica senão para a conservação de seu corpo, assim como dizem que se põe sal nas carnes para que não apodreçam facilmente. Depois, fez as aves e os animais terrestres, que já têm sentidos mais desenvolvidos e têm mais evidentemente em sua constituição os caracteres peculiares dos entes dotados de alma. Por fim, após tudo o mais, como se disse, fez o homem, a quem deu o singular intelecto [noûs], uma sorte de alma da alma, tal como a pupila no olho. Os que investigam com mais precisão a natureza das coisas dizem que a pupila é o olho do olho.

[67] Todas as coisas, como dissemos, foram trazidas à existência simultaneamente. No entanto, embora todas tenham sido trazidas à existência juntamente, sua ordem, porém, foi necessariamente traçada numa relação inteligível como modelo para a futura geração de entes uns após outros. Na produção das coisas particulares, a ordem é que a natureza doravante comece pelo mais vil e termine pelo mais excelente. Mas é preciso demonstrar em que consiste isso. A semente é o princípio da geração dos animais, e é visível que ela é enormemente vil, à semelhança da espuma. Mas, quando depositada e fixada na matriz, ganha movimento e converte-se em natureza. Ora, a natureza é melhor que a semente, porque nas criaturas o movimento também é melhor que o repouso. Ela molda a vida animal como um artesão (ou, para dizer com mais autoridade, com

uma arte irrepreensível), distribuindo as essências: a humoral para os membros e partes do corpo, e a pneumática tanto para a potência nutritiva como para a potência sensitiva da alma. Quanto à potência racional, há que deixá-la para mais tarde, pois alguns dizem que, sendo divina e eterna, procede de fora. [68] A natureza, portanto, começou pela humilde coisa que é o esperma e terminou em algo de altíssimo valor, a formação do animal e do homem. Esse mesmo processo aconteceu também na geração do todo. Com efeito, quando pareceu bom ao Criador moldar os animais, os primeiros na ordem, os peixes, eram os mais vis, enquanto os últimos, os homens, eram os mais excelentes. E, entre esses extremos, vieram os demais animais, as aves e os animais terrestres, melhores que os primeiros, mas piores que os últimos.

[69] Depois de todos eles, como se disse, Moisés declara que o homem foi criado à imagem e semelhança de Deus (Gn 1, 26). E disse-o esplendidamente, pois não há criatura terrestre mais semelhante a Deus que o homem. E que ninguém represente essa semelhança mediante características do corpo, pois nem Deus tem figura humana, nem o corpo humano tem forma divina. A mencionada similitude refere-se ao intelecto [*noûs*], o guia da alma. Com efeito, o intelecto de cada homem em particular foi copiado, como de um arquétipo, daquele único intelecto do universo, sendo de certo modo um deus para aquele que o tem e porta como a uma imagem divina. Ora, o papel desempenhado pelo guia supremo no mundo inteiro parece também ser desempenhado pelo intelecto humano no homem. Ele é o invisível que tudo vê e cuja essência é inevidente, conquanto apreenda as alheias. Mediante as artes e as ciências, ele abre caminhos em todas as direções e segue por terra ou por mar perscrutando o que há em cada um desses elementos. [70] E, batendo as asas, eleva-se da terra e examina diligentemente a atmosfera e seus diversos estados [*pathémata*], e, depois, elevando-se ainda mais, à altura do éter e das revoluções celestes, evolui então com a dança coral dos planetas e dos astros fixos segundo as leis de uma música perfeita, levado pelo amor à sabedoria que guia seu curso. Ele domina do alto toda e qualquer substância [*ousía*] sensível, e desse mesmo lugar apetece o inteligível. [71] E, ao contemplar dali as ideias [*idéai*], de beleza transcendente, vê nelas o modelo das coisas sensíveis e, tomado por

sóbria embriaguez – como os coribantes sob inspiração divina –, enche-se de outra ânsia e de um desejo ainda mais nobre, pelo qual é conduzido ao cume da abóbada dos inteligíveis, e pensa ir ao encontro do grande rei. Mas, em seu desejo ardente de vê-lo, raios puros e sem mescla de luz concentrada vertem-se nele em forma de torrente, de modo que os olhos da inteligência são tomados de vertigens por efeito de tais esplendores. Enfim, como nem toda imagem é fiel a seu modelo arquetípico e muitas são dessemelhantes dele, a "à imagem de" acrescentou-se "à semelhança de", para significar uma réplica exata de um preciso selo.

[72] Não estaria errado quem ficasse perplexo por Moisés não atribuir a criação do homem a um só artífice – à semelhança do que ocorre com as demais criaturas –, mas como que a muitos. Pois ele introduz o Pai do universo atribuindo-lhe as seguintes palavras: "Façamos o homem à nossa imagem e à nossa semelhança" (Gn 1, 26). Aquele a quem tudo o mais está submisso tem, porventura, necessidade – se tal me é permitido dizer – de algum outro? Se quando fez o céu, a terra e o mar não teve necessidade de nenhum colaborador, não seria Ele capaz de fazer, por si mesmo e sem ajuda de nenhum outro, o homem, esse animal tão frágil e perecível? Por conseguinte, é imperioso que a mais verdadeira das causas, só Deus a conheça. Mas a causa que parece, por conjectura, a mais plausível e mais razoável não deve ser ocultada. Ei-la: [73] entre os entes [*tà ónta*], uns não participam da virtude nem do vício, como é o caso das plantas e dos animais irracionais. Aquelas porque não têm alma e são regidas por uma natureza sem imaginação, estes porque não foram dotadas de intelecto [*noûs*] nem de razão [*lógos*]; ora, o intelecto e a razão são como a residência do vício e da virtude, onde habitam por natureza. Outros, por sua vez, participam somente da virtude, permanecendo livres de qualquer vício, como é o caso dos astros: diz-se que são não só viventes, mas viventes dotados de intelecto, ou melhor, que cada um deles é, ele próprio, inteiramente um intelecto [*noûs*] e o mais virtuoso, incapaz de qualquer mal. Outros ainda têm uma natureza mista, como é o caso do homem, que admite contrários: prudência e imprudência, temperança e incontinência, coragem e covardia, justiça e injustiça, em suma, coisas boas e coisas más, coisas belas e coisas feias, virtude e vício. [74] Ora, para Deus, Pai de todas as coisas, era

muitíssimo apropriado fazer sozinho e por si mesmo os entes virtuosos [*tà spoudaîa*], em razão de sua afinidade com Ele; e com respeito aos entes indiferentes [*tà adiáphora*] tampouco havia impropriedade em proceder assim, uma vez que eles tampouco têm parte no vício, seu inimigo. Mas, quanto aos entes mistos, era parcialmente apropriado e parcialmente inapropriado fazê-los dessa forma: apropriado em razão da ideia mais nobre da mescla, mas inapropriado em razão da ideia oposta e inferior. [75] Por isso, é apenas com respeito à criação do homem que, segundo Moisés, Deus disse "Façamos", num plural que torna manifesta a participação de outros como colaboradores, a fim de atribuir a Deus, guia do universo, tão somente os desígnios e ações irrepreocháveis do homem reto, e de atribuir seus contrários a outros, subordinados seus. Pois o Pai não pode ser causa de mal para seus filhos; e o vício e as atividades viciosas são um mal. [76] Após ter dado ao gênero o nome de "homem", distinguiu as espécies de modo admirável, dizendo Moisés que Deus o tinha criado macho e fêmea, conquanto os particulares ainda não tivessem adquirido forma [*morphê*].[10] É que as espécies mais próximas estão contidas no gênero e aparecem como num espelho para os que são capazes de mirá-las com agudeza.

[77] Poder-se-ia perguntar a razão por que o homem é a última das criações do mundo, dado que foi depois de todas as outras coisas que o Criador e Pai o produziu, como assinalam as Escrituras. Assim, os que se aprofundaram mais no estudo das leis e examinaram mais minuciosamente seu conteúdo dizem que Deus, tendo concedido ao homem parentesco consigo, o qual consiste na capacidade racional, o mais excelente dos dons, não lhe quis recusar outros dons, mas, como ao mais familiar e mais caro dos animais [*zôion*], preparou-lhe de antemão todas as coisas no mundo, com o desejo de que, quando viesse a existir, não carecesse de nenhuma das coisas necessárias para viver e para viver bem. O viver é assegurado pelas riquezas e pela abundância das coisas de que o homem usufrui; o viver bem, pela contemplação dos fenômenos celestes, a

---

[10] Esta seria tão somente a criação da ideia de homem e da de mulher, que teriam servido de modelo para a conformação material dos primeiros entes humanos, Adão e Eva. (N. T.)

qual, quando atinge o intelecto [*noûs*], o faz amar e desejar a ciência de tais coisas. O gênero da filosofia nasceu dessa fonte, e graças a ela o homem, mortal, é imortalizado. [78] Assim como os que dão um banquete não chamam os convivas para a mesa antes de ter tudo preparado para uma refeição farta, e assim como os que promovem espetáculos ginásticos e cênicos dispõem uma quantidade de competidores, espetáculos e audições antes de receber os espectadores nos estádios e teatros, assim também o guia do universo, como um promotor de banquetes e espetáculos, querendo convidar o homem a um banquete e a um espetáculo teatral, não o faz sem antes preparar o que é necessário para cada uma das ocasiões. Em outras palavras, fá-lo Ele para que, ao vir ao mundo, o homem encontre imediatamente o banquete e o espetáculo mais sagrados: o primeiro repleto de tudo o que fornecem a terra, os rios, o mar e o ar para sua utilidade e desfrute; o outro repleto de todos os tipos de espetáculos que as realidades mais impressionantes apresentam, as qualidades mais incríveis, os movimentos e as danças corais mais admiráveis, em arranjos harmoniosos, em proporções de números e em revoluções sinfônicas. Não erraria quem dissesse que em todas essas coisas reside a música arquetípica, verdadeira e exemplar, da qual os homens que vieram em seguida extraíram as imagens que gravavam em sua alma para depois transmitir a arte mais necessária e mais útil à vida.

[79] Tal é a primeira razão por que o homem parece ter sido criado depois das demais criaturas. Mas, não sem propósito, há que mencionar a outra. Ao ser primigeniamente criado, o homem encontrou tudo preparado para a vida, e isso para instrução das gerações futuras, com a natureza clamando abertamente que, se imitassem os fundadores da raça, passariam a vida sem trabalho nem preocupação, em meio à comodidade e à abundância de tudo o que é necessário. E tal teria acontecido se os prazeres irracionais não se assenhoreassem da alma, erguendo contra ela a muralha da gula e da lubricidade; se a ambição de glória, de riqueza e de poder não tivesse assumido o controle da vida; se os sofrimentos não tivessem atado e desviado o pensamento [*diánoia*]; se o medo, mau conselheiro, não tivesse detido os impulsos para as ações virtuosas; se a loucura, a covardia, a injustiça e a incontável multidão dos demais vícios não a tivessem tomado

de assalto. [80] Agora, quando todos os males referidos prevalecem e os homens se encontram entregues às paixões e a apetites incontroláveis e reprocháveis, ilícitos até de dizer, apresenta-se-lhes o devido castigo, convenientemente aplicado aos ímpios. Esse castigo consiste em só conseguir com dificuldade as coisas necessárias. Com efeito, é penosamente que os homens sulcam a planície e a irrigam com o curso das fontes e dos rios, é penosamente que semeiam e plantam, suportando infatigavelmente, dia e noite, os trabalhos da terra e recolhendo ao longo do ano as provisões necessárias para sua subsistência – que às vezes, porém, são parcas e insuficientes, em razão de causas de todas as ordens: ou arrasadoras tempestades sucessivas, ou o peso do granizo que cai sobre as plantações, enfraquecendo-as, ou a neve que as congela, ou a violência dos ventos que as arranca pela raiz. São, enfim, muitas as maneiras como a água e o ar acarretam más colheitas. [81] Se, porém, os impulsos desmedidos das paixões fossem regulados pela temperança [sōphrosýnē] e os esforços despendidos em cometer injustiça se empregassem na busca da justiça, em suma, se os vícios e as práticas vãs cedessem lugar às virtudes e às práticas segundo a virtude, e, detida a guerra na alma – em verdade, a mais penosa e mais terrível – e prevalecendo a paz, buscássemos ainda, tranquila e calmamente, o cumprimento da lei com nossas próprias forças, poder-se-ia esperar que Deus, amante da virtude, do belo e do homem, concedesse ao gênero humano bens produzidos espontaneamente e preparados para ele. Pois é evidente que é mais fácil fornecer com abundância a partir do que já existe, sem a arte da agricultura, do que levar do não ser ao ser.

[82] Tratada já a segunda causa, eis a terceira: pensando em harmonizar o princípio e o fim das criaturas, como coisas necessárias e caras, Ele fez que o princípio fosse o céu, e o fim o homem: o primeiro, o mais perfeito dos incorruptíveis e dos sensíveis; o segundo, o mais nobre dos corruptíveis e nascidos da terra e, para dizer a verdade, uma sorte de pequeno céu: encerra em si muitas naturezas semelhantes às estrelas, representadas pelas artes, pelas ciências e pelos celebrados teoremas que governam todas e cada uma das virtudes. Pois, como o corruptível e o incorruptível são contrários por natureza, Deus atribuiu o que há de mais belo neles ao princípio e ao fim: como se disse, ao princípio o céu, e ao fim o homem.

[83] Ademais, eis o que se acrescenta à explicação das causas necessárias: era preciso que o homem fosse o último dos entes criados para que causasse espanto ao aparecer de súbito, no último momento, diante dos outros animais. Vendo-o pela primeira vez, ficariam maravilhados e adorá-lo-iam naturalmente como a um chefe e senhor. Como resultado dessa contemplação, todos os animais, de todas as espécies, se tornariam mansos; e os mais selvagens por natureza tornar-se-iam imediatamente mais dóceis, mostrando seu furor selvagem uns contra os outros, mas comportando-se mansamente apenas com o homem. [84] Também por isso o Pai, tendo criado o homem como o animal soberano por natureza, não só de fato, mas por designação verbal, estabeleceu-o como rei de todas as criaturas sublunares, terrestres, aquáticas e aéreas. Tudo quanto há de mortal nestes três elementos – terra, água e ar – lhe está subordinado, com exceção dos corpos celestes, porque obtiveram um destino mais divino. A prova mais clara de tal potência salta aos olhos: sucede às vezes que uma grande quantidade de animais seja conduzida por um único homem, sem armas nem nenhum outro instrumento de ferro, sem outra guarida que uma tenda de pele, e portando um bastão para fazer-lhes sinais e para apoiar-se durante as caminhadas, quando se sente cansado. [85] Pois bem, um pastor de ovelhas, de cabras ou de bois conduz um rebanho de muitas ovelhas, de muitas cabras ou de muitos bois sem ter corpo robusto e vigoroso, já que o vigor físico certamente causaria espanto à vista. Mas, diante dele, torna-se pequena tão grande força e tal potência de tantos animais bem armados em razão de terem naturalmente uma constituição que lhes permite autodefender-se; e, como escravos diante de seu senhor, cumprem o que ele ordena. Os bois são subjugados para trabalhar a terra e, abrindo profundos sulcos ao longo do dia, e às vezes até à noite, percorrem grandes distâncias guiados por algum homem da terra. Os carneiros, que carregam densos tosões na estação da primavera, mantêm-se sob o comando do pastor calmamente parados ou deitam-se tranquilamente para ser tosquiados, habituados que estão a entregar a lã àquele que é seu rei por natureza, tais quais as cidades acostumadas a pagar tributo anual ao rei. [86] E até o próprio cavalo, o mais fogoso dos animais, é facilmente conduzido se controlado pela rédea, para que não se rebele e não se ponha a corcovear.

Quando seu lombo está vazio, recebe o cavaleiro num cômodo assento e, sustentando-o no alto, corre enérgico com suma rapidez, a fim de chegar e levá-lo aos lugares a que tem pressa de ir; o cavaleiro, tranquilo e sem cansaço, faz sua viagem com o corpo e os pés de outro.

[87] Muito mais poderia dizer quem quisesse estender a exposição para mostrar que nenhum animal fica livre e foge da autoridade do homem. O que foi dito basta como demonstração. Entretanto, não se pode ignorar o seguinte: que o homem ter sido criado por último não implica uma inferioridade na ordem dos entes. [88] Testemunhas disso são os cocheiros e os pilotos. Aqueles, colocados e indo atrás de seus animais de tiro, os conduzem por onde querem sob o comando das rédeas, umas vezes afrouxando-as para uma corrida rápida, outras vezes retendo-as, se os animais se estiverem movendo mais rápido que o necessário. Os pilotos, por sua vez, conquanto posicionados na parte traseira da nau, a popa, são, por assim dizer, os mais nobres a bordo, já que têm nas mãos a segurança do navio e dos que nele estão. Ora, o criador fez o homem como cocheiro e piloto de todas as coisas, para conduzir e governar os animais e as plantas de toda a terra, assumindo a direção como um lugar-tenente do primeiro e grande Rei.

[89] Terminado o mundo segundo a natureza do número perfeito, o seis, o Pai honrou o dia seguinte, o sétimo, exaltando-o e proclamando-o santo. Trata-se, com efeito, de um dia de festa não de uma só cidade ou de um só país, mas de todo o universo, a única festa a que cabe chamar, com propriedade, festa universal e aniversário do mundo. [90] Não sei se alguém pode celebrar de maneira adequada a natureza da hebdômada, superior ao que quer que se diga. Mas não é por ser mais admirável do que aquilo que se pode dizer que devemos ficar parados. E, já que não é possível mostrar tudo, nem sequer o mais importante, é preciso que nos atrevamos a mostrar ao menos aquilo que está ao alcance da inteligência [*diánoia*]. [91] A hebdômada diz-se em dois sentidos: em um, ela está no interior da década, é composta de sete unidades e é medida pela multiplicação da mônada por sete; no outro, está fora da década e é o número que, em todos os casos, tem origem na mônada e aumenta por duplicação, triplicação ou, em geral, por multiplicação de números análogos, como é o

caso do 64 e do 729 – o primeiro, produto de uma duplicação a partir da mônada, e o outro, de uma triplicação. É preciso examinar detidamente cada uma dessas duas classes. [92] A segunda maneira tem uma superioridade mais manifesta, pois o sétimo termo de uma progressão de razão dois, três ou outro número análogo, se parte da mônada, é sempre um cubo e um quadrado, contendo, pois, ambos os gêneros, o da substância [*ousía*] incorpórea e o da corpórea: a incorpórea, correspondente à superfície, completada pelos quadrados; a corpórea, correspondente ao sólido, completada pelos cubos. [93] Os números mencionados são a mais clara prova disso. Por exemplo, o sétimo número de uma progressão de razão dupla que cresce a partir da unidade, o 64, é um quadrado (produto de 8 vezes 8) e um cubo (produto de 4 vezes 4 vezes 4). Por sua vez, o sétimo número de uma progressão de razão tripla que cresce a partir da unidade, o 729, é um quadrado (produto de 27 vezes 27) e um cubo (produto de 9 vezes 9 vezes 9). [94] E, se em vez da unidade tomarmos por origem o sétimo termo, fazendo-o crescer segundo a mesma proporção até ao sétimo grau, descobriremos, em todos os casos, que o número daí formado será um cubo e um quadrado. Assim, por exemplo, tomando-se o 64 como origem e formando-se a progressão de razão dupla, obter-se-á um sétimo termo, o número 4.096, simultaneamente quadrado e cubo: quadrado que tem 64 de lado, e cubo que tem 16 de aresta.

[95] Mas passemos a outra espécie de hebdômada, a contida na década, e que apresenta uma natureza admirável e não inferior à da primeira. A hebdômada é, por exemplo, a soma dos números 1, 2 e 4, e possui as duas razões mais harmônicas, o duplo e o quádruplo. A primeira produz a harmonia de oitava; a do quádruplo, a harmonia de duas oitavas. A hebdômada admite também outras divisões, reunidas em pares à maneira de um jugo. Primeiramente se divide em mônada e em héxada, depois em díada e em pêntade, e finalmente em tríada e em tétrada. [96] É de suma musicalidade a proporção destes números. A de 6 para 1 é uma razão do sêxtuplo, e o sêxtuplo produz o maior intervalo que existe, o qual separa o mais agudo do mais grave, como mostraremos quando passarmos dos números à razão nas harmonias. A de 5 para 2 mostra uma enorme potência de harmonia, quase comparável à da oitava, o que está muito claramente

manifesto na teoria musical. Já a de 4 para 3 produz a primeira harmonia, o epítrito, que é o intervalo de quarta.

[97] A hebdômada mostra ainda outra beleza, que lhe é própria e é a mais sagrada para meditar. Pois, sendo composta de uma tríada e de uma tétrada, apresenta o que nos entes [tà ónta] é estável e reto por natureza. Há que mostrar de que maneira isso se dá: o triângulo retângulo, que é a origem das qualidades,[11] é constituído pelos números 3, 4 e 5. O 3 e o 4, que são integrantes do 7, produzem o ângulo reto. Pois, enquanto o ângulo obtuso e o agudo manifestam o irregular, desordenado e desigual, dado serem uns mais obtusos ou agudos que os outros, o ângulo reto, por seu lado, não admite comparação nem se torna mais reto que outro, mas permanece sempre o mesmo, sem que nunca mude a natureza que lhe é própria. Ora, se o triângulo retângulo é a origem das figuras e das qualidades, e se seu elemento mais necessário, o ângulo reto, está contido na substância [ousía] da hebdômada, que reúne a tríada e a tétrada, seria razoável considerar o número 7 como fonte de todas as figuras e de todas as qualidades. [98] E seria conveniente acrescentar ao que já foi dito que o três é o número da figura plana, uma vez que o ponto se relaciona à mônada, a linha à díada, a superfície à tríada; e que o quatro é o número do sólido, por adição da unidade, ou seja, por adição da profundidade à superfície. Portanto, é evidente que a substância [ousía] do 7 é o princípio da geometria plana e da estereometria, ou seja, das coisas incorpóreas e das corpóreas.

[99] Há naturalmente no número 7 tão elevado grau de sacralidade, que nele se dá uma relação distinta da de todos os outros números da década. Entre eles, uns geram e não são gerados;[12] outros são gerados e não geram;[13] outros ainda são as duas coisas, geradores e gerados.[14] Só o número 7 não se enquadra em nenhuma dessas categorias. Confirmemos, pois, essa afirmação com uma demonstração. O 1 gera todos os números que se seguem, não sendo gerado por absolutamente nenhum. O 8 é gerado da multiplicação de 2 por 4, mas não gera nenhum número

---

[11] Cf. Platão, Timeu 53c. (N. T.)
[12] Ou seja, são fatores, mas não divisíveis. (N. T.)
[13] Ou seja, são divisíveis, mas não fatores. (N. T.)
[14] Ou seja, são fatores e múltiplos. (N. T.)

na década. O 4, por sua vez, tem as duas propriedades: a condição dos geradores e a dos gerados,[15] pois ao ser duplicado gera o 8, e ao ser dividido por 2 gera o 2. [**100**] Como se disse, somente o 7 tem por natureza não gerar nem ser gerado. Por isso, uns filósofos associaram o número à Vitória, virgem sem mãe, que se diz surgiu da cabeça de Zeus, ao passo que os pitagóricos o associaram ao Reitor do universo. Estes se baseiam no fato de que o que não gera nem é gerado permanece imóvel, pois a geração implica movimento, já que nem o que gera nem o que é gerado existem à parte do movimento, um para gerar, outro para ser gerado. O único que não move nem é movido é o antigo Reitor e Chefe, de quem se poderia dizer acertadamente que o número 7 é uma imagem. Testemunha desta minha afirmação é também Filolau, com estas palavras: "Há", diz, "um Reitor e Chefe de todas as coisas; é Deus, que existe sempre, estável, imóvel, igual a si mesmo e distinto dos outros".

[**101**] Assim, na ordem do inteligível, a hebdômada é o signo do imóvel e impassível, enquanto, na ordem do sensível, mostra uma grande potência no movimento dos planetas, graças à qual todas as coisas sobre a terra se tornam naturalmente melhores, e na revolução da lua. Deve examinar-se a maneira como isso se dá. O 7, quando adicionado aos números de 1 a 7, gera 28, número perfeito e igual à soma de seus fatores. O número resultante marca o fim de um ciclo lunar completo, com o visível retorno da lua, minguante, ao ponto de onde partira em seu crescimento. Com efeito, desde a primeira aparição da fase crescente, ela cresce até à meia-lua em seis dias. A seguir, em outro período como aquele, vem o plenilúnio. E ela faz, então, o percurso inverso, numa corrida dupla [*díaulos*] pelo mesmo caminho, levando sete dias da lua cheia ao último quarto, para daí voltar à lua nova na mesma quantidade de dias, sendo a soma de todos os dias desse processo igual ao já mencionado número.

[**102**] O número 7 é chamado "portador da perfeição"[16] [*telesphóros*] por aqueles que costumam utilizar-se dos números de maneira exata, já que leva todas as coisas à perfeição. Um indício disso poderia ser o fato de

---

[15] Ou seja, outra vez, têm a condição dos fatores e dos múltiplos. (N. T.)
[16] Ou "aperfeiçoador". (N. C.)

que todo e qualquer corpo organizado tem três dimensões: altura, largura e profundidade, e quatro limites: ponto, linha, superfície e volume, os quais, somados, perfazem o número 7. Mas seria impossível medir esses corpos pelo número 7 segundo as três dimensões e os quatro limites se a forma dos primeiros números que constituem a década (1, 2, 3 e 4) não tivesse a natureza do 7, pois os quatro números mencionados possuem quatro limites (o primeiro, o segundo, o terceiro e o quarto) com três dimensões. A primeira dimensão vai do 1 ao 2, a segunda do 2 ao 3, a terceira do 3 ao 4.

[103] Além do que já se disse, também as idades do homem estabelecem de modo mais claro a potência do número 7 de levar à perfeição as coisas, que são medidas por ele da infância à velhice. Os primeiros sete anos são a fase do crescimento dos dentes; o segundo septenário é o momento adequado para a emissão de uma semente fecunda; no terceiro, dá-se o crescimento da barba; no quarto, o ápice do vigor físico; no quinto, o momento oportuno para o casamento; no sexto, o apogeu do julgamento; no sétimo, o aperfeiçoamento e crescimento progressivo tanto do intelecto [*noûs*] como da palavra [*lógos*]; no oitavo, a perfeição de ambos; no nono período, a moderação e a tranquilidade, por estarem as paixões cada vez mais domadas; no décimo, o fim desejável da vida, quando os órgãos estão ainda em bom estado. Porque uma velhice prolongada costuma fazer cambalear e diminuir a capacidade de todos eles. [104] Estas idades, também as descreveu Sólon, o legislador ateniense, na composição destes versos elegíacos:

> Ainda imberbe, a criança, crescida a barreira dos dentes,
>> deita-a fora nos primeiros sete anos.
>
> E, quando Deus completa os outros sete,
>> aparecem os sinais da juventude que se aproxima.
>
> No terceiro, ainda com os membros a desenvolver-se, o queixo
>> cobre-se de pelos, e eis que muda a flor da pele.
>
> No quarto septênio, qualquer é excelente no vigor
>> físico, que entre os homens é sinal de virtude.
>
> No quinto, chega o momento em que o homem pensa em casar-se,
>> passando daí em diante a tentar gerar crianças.

No sexto, a inteligência do homem é em tudo preparada
    e já não deseja realizar trabalhos impossíveis como antes.
No sétimo septênio e no oitavo, quatorze anos entre os dois,
    a inteligência e o dom do discurso chegam ao ápice.
No nono, ainda conserva a força, mas míngua
    seu saber e sua língua para as coisas elevadas.
O décimo, se alguém o alcançar, terminando a vida segundo a medida,
    não lhe será inoportuna a inevitável morte.

[105] Nos versos citados, ele divide a vida humana em dez períodos de sete. Quanto ao médico Hipócrates, diz que existem sete idades: a do bebê, a da criança, a do adolescente, a do jovem, a do homem, a do homem maduro e a do velho, as quais são medidas por períodos de sete, mas não em sucessão contínua. Diz ele o seguinte: "Na natureza do homem, há sete etapas que são chamadas idades: a do bebê, a da criança, a do adolescente, a do jovem, a do homem, a do homem maduro e a do velho. A do bebê vai até à queda dos primeiros dentes, aos sete anos. A da criança, até à produção da semente, com a idade de 2 vezes 7. A do adolescente, até ao crescimento dos pelos da barba, com a idade de 3 vezes 7. A do jovem, até ao crescimento de todo o corpo, com a idade de 4 vezes 7. A do homem, até aos 49 anos, ou seja, a idade de 7 vezes 7. A do homem maduro, até aos 56, ou seja, na idade de 8 vezes 7. A partir daí, a do velho". [106] E, quanto ao lugar de honra do número 7, também se diz que tem admirável posição na natureza, uma vez que é composto do número três e do número quatro. O terceiro número depois do um, se for multiplicado por dois, será um quadrado; se se fizer tal ao quarto, um cubo; e se ao sétimo número, composto dos dois, ao mesmo tempo um quadrado e um cubo. Por conseguinte, na razão dupla, o terceiro número depois do um, o 4, é um quadrado; o quarto número, o 8, é um cubo; mas o sétimo, o 64, é ao mesmo tempo cubo e quadrado. Assim, o 7 é um número portador da perfeição, pois que anuncia ambas as equidades de razão: a equidade plana pelo quadrado, por seu parentesco com a tríada, e a equidade sólida pelo cubo, por seu parentesco com a tétrada. A hebdômada resulta, pois, do três e do quatro.

[107] A hebdômada, contudo, não só é portadora da perfeição, mas, como é costume dizer, é o que há de mais harmônico, e, de algum modo, é a fonte do mais belo diagrama [*diágramma*], que contém todas as harmonias, a de quarta, a de quinta, a de oitava, e todas as proporções, a aritmética, a geométrica e a harmônica. Este quadro [*plinthíon*] é constituído dos seguintes números: 6, 8, 9 e 12. O 8 está para o 6 na razão de quatro terços, que é a harmonia de quarta; o 9 está para o 6 na razão de três meios, que é a harmonia de quinta; o 12 está para o 6 numa razão dupla, que é a harmonia de oitava. [108] Como eu dizia, ele possui também todas as proporções: a aritmética, a partir dos números 6, 9 e 12, pois o termo do meio ultrapassa o primeiro em três e o terceiro ultrapassa o segundo na mesma medida; a geométrica, a partir de quatro números, pois a razão entre 8 e 6 é a mesma que entre 12 e 9, na razão de quatro terços; e a harmônica, a partir de três números, 6, 8 e 12. [109] Há dois critérios distintivos para as proporções harmônicas. O primeiro, quando a razão do último termo com relação ao primeiro é igual à razão entre a diferença do último com relação ao do meio e à deste com relação ao primeiro. A prova mais clara disto pode ser dada pelos números já propostos, 6, 8 e 12, pois o último é o dobro do primeiro, e os demais são, por sua vez, dobros. O 12 ultrapassa o 8 em 4, o 8 ultrapassa o 6 em 2, e o 4 é o dobro de 2. [110] Outro modo de comprovar a existência de uma proporção harmônica se dá quando o termo do meio ultrapassa um dos extremos na mesma proporção em que é ultrapassado. Assim, o 8, o termo do meio, ultrapassa o primeiro em um terço – pois se lhe restamos 6 temos 2, um terço de 6 – e é ultrapassado pelo último termo na mesma medida – pois se subtraímos 8 de 12 teremos 4, um terço de 12.

[111] Que isso baste para ilustrar a excelência desse diagrama ou quadro ou como quer que se chame. Essas e outras ideias [*idéai*], o número 7 revela-as na ordem do incorpóreo e inteligível. Mas sua natureza também se estende a toda e qualquer substância [*ousía*] visível, ao céu e à terra, limites do universo. Pois que parte das coisas existentes no mundo há que não preze a hebdômada? que não se tenha deixado dominar pelo amor [*érōs*] e pelo desejo [*póthos*] da hebdômada? [112] Diz-se, por exemplo, que o céu é dividido em sete círculos, cujos respectivos nomes são os

seguintes: ártico, antártico, solsticial de verão, solsticial de inverno, equinocial, zodiacal e, além desses, a via láctea. Pois o horizonte é uma paixão [*páthos*] em nós, e os sentidos se recortam numa circunferência maior ou menor, segundo a visão seja aguda ou não. [**113**] Já os planetas [*plánētes*], tropa oposta à dos astros fixos [*aplanôn*], estão arranjados em sete ordens, e demonstram a maior das simpatias pelo ar e pela terra. Ao primeiro, alteram-no e transformam-no nas chamadas estações do ano, produzindo milhares de modificações para cada uma delas, com a calma dos ventos, com a serenidade do ar, com a aglomeração das nuvens e com a violência extrema dos furacões; provocam o transbordamento e as baixa dos rios, inundam planícies ou, ao invés disso, as secam. Com o fluxo e o refluxo das marés, trabalham a forma dos mares. Com efeito, ocorre que, quando se dá refluxo ou recuo do mar, grandes golfos subitamente se convertem em costas profundas, e, pouco depois, quando retorna o mar, profundíssimo, ele se torna navegável não só por barcos pequenos, mas também por navios de grande tonelagem. E assim também todos os entes terrestres, animais e plantas geradoras de frutos, crescem e amadurecem, preparando-se para perpetuar a natureza particular de cada um, de modo que jovens florescem a partir dos mais velhos e se desenvolvem para prover abundantemente a todos do que é necessário.

[**114**] E a Ursa Maior, que dizem ser guia dos navegadores, é composta de sete estrelas. Fitando-a, os navegadores abriram milhares de rotas no mar, lançando-se a uma incrível empresa que ultrapassa a natureza humana. Pois foi da conjectura das mencionadas estrelas que os homens descobriram regiões dantes desconhecidas: os habitantes do continente, ilhas; os insulares, continentes. Era mesmo preciso que os recônditos da terra e do mar fossem revelados ao animal mais querido de Deus pela mais pura das substâncias, o céu. [**115**] Além do que já foi dito, também o coro das Plêiades se perfez de um conjunto de sete estrelas, cujos surgimentos e desaparecimentos são causas de grandes bens para todos, pois que, quando se escondem, se abrem os sulcos para a semeadura; quando estão para ressurgir, se fazem mensageiras da colheita; e, depois de nascerem, incitam os jubilosos agricultores a uma nova colheita daquilo de que precisam – e eles, alegres, põem os víveres em reserva para utilizá-los no dia a dia. [**116**] E o

grande chefe do dia, o sol, que produz dois equinócios por ano, um na primavera e um no outono – o da primavera em Áries, o do outono em Libra –, é a prova mais clara do valor divino do 7. Pois cada um dos equinócios ocorre no sétimo mês, e ao longo deles manda a lei que se celebrem as festas mais grandiosas e populares, porque em ambos amadurece tudo o que vem da terra: na primavera, o fruto do trigo e de tudo quanto é semeado; no outono, o fruto da vinha e da maioria das outras árvores frutíferas.

[117] Mas, como as coisas da terra dependem das do céu em virtude de certa simpatia natural, a razão do 7 desce do alto até nós, visitando sempre as raças mortais. A nossa alma, por exemplo, tirante o princípio hegemônico [tò hēgemonikón], divide-se em sete partes: os cinco sentidos, o órgão fonador e, ao fim de tudo, o órgão genital. À semelhança dos títeres, que nos espetáculos são movidos por um princípio hegemônico [tò hēgemonikón] mediante fios, todas aquelas partes umas vezes repousam, outras vezes se movimentam, cada qual de acordo com as posições e com os movimentos apropriados para si. [118] De modo similar, se nos propusermos a examinar as partes externas e as internas do corpo, também encontraremos o número 7. As partes que se evidenciam externamente são as seguintes: cabeça, peito, ventre, dois braços e duas pernas. E as partes internas, chamadas vísceras, são as seguintes: estômago, coração, pulmões, baço, fígado e dois rins. [119] Quanto à cabeça, que é o princípio hegemônico no animal, faz uso das sete partes mais fundamentais: dois olhos, duas orelhas, duas narinas e, em sétimo lugar, a boca, por onde, como disse Platão, se dá a entrada das coisas mortais e a saída das coisas incorruptíveis.[17] Pois por ela entram comidas e bebidas, alimentos corruptíveis para um corpo corruptível, e por ela saem palavras, leis imortais da alma imortal, pelas quais a vida racional é governada.

[120] Quanto às coisas que discernimos com o mais excelente dos sentidos, a visão, participam deste número segundo o gênero, pois sete são as coisas visíveis: o corpo, a extensão, a figura, o tamanho, a cor, o movimento e o repouso – não há outra além dessas. [121] Pois bem, sucede que também as alterações da voz são ao todo sete: o agudo, o grave, o perispômeno,

---

[17] Cf. Platão, *Timeu*, 75d. (N. T.)

em quarto lugar o som aspirado, em quinto o não aspirado, em sexto o longo e em sétimo o breve. [**122**] Mas sete são também os movimentos: o ascendente, o descendente, o para a direita, o para a esquerda, o para frente, o para trás e o circular, os quais são mais bem demonstrados quando executados na dança. [**123**] Dizem ainda que as secreções do corpo se reduzem ao mesmo número: dos olhos correm as lágrimas; das narinas, os humores da cabeça; da boca, a saliva que se cospe; há ainda dois reservatórios para a evacuação dos excrementos, um na frente, o outro atrás; a sexta secreção é o escorrimento do suor pelo corpo inteiro; e a sétima e mais natural delas é a emissão de esperma pelos órgãos genitais. [**124**] E disse Hipócrates, bom conhecedor da natureza, que tanto a fixação da semente como a geração dos tecidos estão sob o domínio do número 7. Além disso, nas mulheres o fluxo menstrual se estende por no máximo sete dias. Sete meses é ainda o tempo que leva a natureza para completar o amadurecimento dos embriões no ventre, de modo que sucede algo extremamente paradoxal: os de sete meses nascem bem engendrados, enquanto os de oito geralmente não são capazes de nascer vivos. [**125**] As enfermidades graves dos corpos, principalmente quando sobrevêm febres constantes em virtude de um desarranjo [*dyskrasía*] de nossas potências, na maioria das vezes atingem o ponto crítico no sétimo dia. De fato, é este o dia que decide o conflito em torno da vida, decretando a salvação para uns, e para outros a morte.

[**126**] A potência do número 7 não está presente somente no que se disse, senão que se estende ainda às mais excelentes ciências [*epistêmai*], a saber, a gramática e a música. A lira de sete cordas, análoga ao coro dos planetas, produz acordes preciosos, e de certa forma é ela a que comanda a feitura de todos os instrumentos musicais. Já na gramática, entre as letras são sete as que chamamos vogais [*phōnéenta*] no sentido etimológico, porque parecem ter som [*phōneîsthai*] por si mesmas e, ao se unirem a outras letras, produzem sons [*phonás*] articulados.[18] [**127**] Portanto, parece-me que aqueles que originalmente deram nomes às coisas chamaram a esse número,

---

[18] O termo grego para "vogais" é *phonéenta* ("que tem som, vocal, vogal"). Como diz Fílon, elas têm esse nome por terem som por si mesmas (*phōneîsthai ex heautōn*). Distinguem-se delas as semivogais, chamadas *hemíphona*, e as consoantes, chamadas *áphona* ("sem som ou consoantes"). (N. T.)

sabiamente, "sete" [*hēptá*] por causa da veneração [*sebasmós*] que o cerca e da majestade [*semnótēs*] que lhe é própria. Os romanos, que acrescentaram ao nome a letra "s" deixada para trás pelos gregos, tornaram ainda mais clara a sugestão ao pronunciar *septem* – de modo mais conforme à etimologia, como já se disse –, derivando-o de *semnós* e de *sebasmós*.[19]

[128] São esses, entre outros, os discursos filosóficos e as reflexões filosóficas que se puderam fazer sobre o 7. Aí está por que lhe foram dispensadas as mais altas honras na natureza, e por que ele goza da consideração dos mais estimados matemáticos entre os gregos e os bárbaros. Mais ainda, foi especialmente honrado por Moisés, amigo da virtude, aquele que inscreveu a beleza deste número nas tábuas sacratíssimas da Lei e o gravou na inteligência [*diánoia*] de todos os que ele comandava ao dar a ordem de que, ao fim de seis dias, guardassem o sétimo e se abstivessem de todos os trabalhos de busca e de aprovisionamento de víveres, tendo no ócio um único fim: filosofar para aprimoramento dos costumes e para exame da consciência, que, posta como uma espécie de juiz na alma, não poupa repreensões, fazendo uso ora de ameaças enérgicas, ora de censuras mais comedidas – as ameaças para os que parecem cometer injustiça premeditadamente, as repreensões para os que agem assim involuntariamente, por imprevidência, a fim de que não tornem a cair em tal erro.

[129] Considerando à maneira de recapitulação a criação do mundo, diz Moisés: "Tal o livro da gênese do céu e da terra, quando eles vieram a ser, no dia em que Deus fez o céu e a terra, e todas as plantas verdes dos campos antes que elas nascessem na terra, e toda forragem dos campos antes que ela brotasse" (Gn 2, 4-5). Não apresenta ele assim, claramente, as ideias [*idéai*] incorpóreas e inteligíveis que são os selos das impressões sensíveis? Pois antes que a terra verdejasse já existia esse mesmo verdor na

---

[19] Ou seja, Fílon aponta um parentesco entre *hēptá* ("sete") e *semnós* ("majestoso, augusto") e *sēbasmós* ("veneração, reverência"), e diz que em grego a aproximação destes termos não é tão clara como em latim. Com efeito, o grego *hēptá* não conservou o "s" original, derivado do indo-europeu *septm* e mantido em grande parte das línguas indo-europeias (sânsc. *saptá*, lat. *septem*, gót. *sibun*), e substituiu-o pela aspiração do espírito rude (*cf.* Pierre Chantraine, *Dictionnaire Étymologique de la Langue Grecque*. Paris, Klincksiek, 1977, tomo I, p. 362.). (N. T.)

natureza das coisas, e antes que brotasse a forragem nos campos já existia uma forragem invisível. [**130**] Há que supor que, antes até de cada uma das outras coisas que os sentidos julgam, existiam as formas e medidas mais antigas, com as quais as coisas que vinham a ser eram medidas e informadas. Pois, conquanto não tenha relatado as coisas pormenorizadamente e por partes, mas todas juntas, preocupando-se mais do que qualquer outro com a concisão do discurso, não é menos certo que as poucas coisas que ele disse são reveladoras da natureza de todas as coisas, a qual, sem um modelo incorpóreo, não pode levar a efeito absolutamente nada no campo do sensível.

[**131**] Mantendo a sequência e observando a concatenação entre as coisas anteriores e as posteriores, diz ele a seguir: "Uma fonte elevava-se da terra, e regava toda a face da terra" (Gen 2, 6). Os demais filósofos dizem que a totalidade da água é um elemento entre os quatro de que o mundo foi feito, mas Moisés, dotado de visão mais aguda e acostumado a contemplar e compreender muito bem até as mesmas realidades distantes, supôs, por um lado, que o grande mar fosse um elemento, uma quarta parte do todo, a parte a que os que vieram depois dele chamaram Oceano, considerando que, comparados a ele, os mares navegáveis por nós têm dimensões de porto; por outro lado, separou a água doce e potável da água do mar e anexou esta última à terra, concebendo-a também como parte desta e não do mar, pelo motivo já dito, ou seja, para que a terra se mantivesse como que atada por uma corrente, graças à doçura da água, que age qual cola. De fato, se a terra fosse deixada seca, sem que se infiltrasse nela umidade alguma através dos poros, ter-se-ia destruído por desagregar-se em muitas partes. Mas ela mantém-se e resiste, primeiro, pela potência unificadora do sopro [*pneúma*] e, segundo, pela umidade, que a impede de secar e desintegrar-se em fragmentos pequenos e grandes. [**132**] Esta é uma causa. Mas ainda há outra, que é preciso citar e que visa a verdade como a um alvo. Por natureza, nenhum dos nascidos da terra [*gēgenḗs*] se compõe sem substância [*ousía*] úmida: revelam-no as emissões de sementes, que ou são úmidas, como as dos animais, ou não germinam sem umidade, como ocorre com as plantas – donde ser evidente que a referida substância [*ousía*] úmida é necessariamente uma parte da terra que dá à luz todas

as coisas, à semelhança do ciclo menstrual das mulheres. Como dizem os físicos, é esta a substância [*ousía*] corporal dos fetos. [**133**] E isso não está em desacordo com o que já se disse: a toda mãe a natureza deu mamas como fonte de alimento, como parte mais imprescindível, preparando assim, antecipadamente, os alimentos para o que está para nascer. A todas as luzes, também mãe é a terra, e por isso pareceu conveniente aos primeiros homens chamá-la Deméter, numa combinação da palavra "mãe" [*mētrós*] e da palavra "terra" [*Gê*]. Pois, como disse Platão, a terra não é uma imitação da mulher, mas a mulher é uma imitação da terra,[20] a mesma terra a que o clã dos poetas costuma chamar com precisão etimológica "mãe do todo" [*pammḗtōr*],[21] "portadora de frutos" [*karpóphoros*][22] e "doadora de todos os bens" [*pandṓra*],[23] uma vez que é ao mesmo tempo causa da gênese de tudo quanto há e da permanência dos animais e das plantas. Portanto, é razoável que também à terra, a mais antiga e mais fértil das mães, a natureza lhe tenha dado cursos de rio e fontes à guisa de mamas para regar as plantas e para que todos os animais tivessem bebida em abundância.

[**134**] Depois disso, diz Moisés que "Deus formou o homem tomando pó [*khoûs*] da terra e soprou em sua face um sopro [*pnoḗ*] de vida" (Gn 2, 7). Mostra assim, do modo mais claro possível, que há enorme diferença entre o homem que então foi moldado e o que fora criado primeiro, à imagem de Deus. Com efeito, o primeiro é moldado sensível, já partícipe da qualidade [*poiótēs*];[24] é composto de corpo e alma; é homem ou mulher, e mortal por natureza. O criado à imagem de Deus, contudo, é uma ideia [*idéa*], gênero [*génos*] ou selo [*sphragís*], inteligível, incorpóreo, nem masculino nem feminino, incorruptível [*áphthartos*] por natureza. [**135**] Quanto ao homem sensível e particular, diz Moisés que em sua constituição há um composto de substância [*ousía*] terrosa e de sopro [*pneúma*] divino, pois, enquanto o corpo foi criado quando o artífice tomou pó [*khoûs*] e a partir dele moldou uma forma humana, a alma não proveio de absolutamente nada criado,

---

[20] Cf. Platão, *Menéxeno*, 238a. (N. T.)
[21] Cf. Ésquilo, *Prometeu*, 90; Fragmentos órficos, fr. 168.27; Epigr. Gr. 823.4. (N. T.)
[22] Cf. Aristófanes, *Rãs*, 384. (N. T.)
[23] Cf. Aristófanes, *Aves*, 971. (N. T.)
[24] Para a definição platônica de "qualidade" (*poiótēs*), cf. *Teeteto*, 182a ss. (N. T.)

mas do Pai e Reitor de todas as coisas. O que Ele soprou não era senão o sopro [*pneúma*] divino enviado daquela natureza bem-aventurada e feliz para esta colônia, em benefício de nosso gênero e a fim de que o homem, ainda que mortal em sua porção visível, se tornasse imortal na invisível. Logo, também se poderia dizer com toda a propriedade que o homem é a fronteira entre a natureza mortal e a imortal: participa necessariamente de cada uma delas e é criado simultaneamente mortal e imortal – mortal no corpo e imortal no pensamento [*diánoia*].

[136] Pois bem, aquele primeiro homem nascido da terra, o fundador de toda a nossa raça, parece-me ter sido criado excelente tanto no que diz respeito ao corpo como no que diz respeito à alma; e por sua sobre--eminência em ambos também era superior aos que viveram depois dele, pois era verdadeiramente belo e bom. A boa conformação de seu corpo pode ser evidenciada por três coisas. A primeira é a seguinte: como a terra era de criação recente, e dada sua separação da grande massa de água que se chama mar, sucedia que a matéria [*hýlē*] das coisas criadas era não misturada, não adulterada, pura e ainda maleável e fácil de trabalhar, e as coisas produzidas com ela eram convenientemente irrepreensíveis. [137] A segunda é que não parece razoável ter Deus desejado moldar com sumo zelo esta estátua de forma humana tomando pó de uma parte aleatória da terra; é mais verossímil pensar que tenha separado do todo a melhor parte, a mais pura e mais refinada das matérias puras, a que melhor se adapta à sua constituição, pois que era construída como uma sorte de morada ou templo sagrado da alma racional, alma que estava prestes a portar impressa a mais divina das imagens. [138] A terceira, que não se compara às já citadas, é que o Criador era bom tanto nas demais áreas como na ciência, de modo que cada uma das partes do corpo tinha em si e por si mesma os números que lhe cabiam e era harmoniosamente aperfeiçoada em ordem à comunhão do conjunto. E, com a simetria, Ele afeiçoava também a boa condição da carne e pintava em cores vivas o frescor da tez, desejoso de que o primeiro homem se mostrasse especialmente belo à vista.

[139] É evidente que também a alma era excelente, pois parece que para sua constituição Ele não fez uso de nenhum outro modelo além de seu próprio *Lógos*, como já se disse. É por isso que, como diz Moisés, o homem

foi criado como representação e imitação desse *Lógos* ao receber o sopro na face, que é o lugar das sensações de que o Criador animou o corpo, para permitir-lhe depois, uma vez estabelecido o reinado racional de seu princípio hegemônico [*tò hēgemonikón*], captar cores, sons, sabores, odores de diversas coisas, tudo isso que, sem as sensações, ela não seria capaz de compreender por si mesma. Pois bem, a imitação de um modelo totalmente belo há de ser totalmente bela. Ora, o *Lógos* de Deus é superior à própria beleza, que é a beleza na natureza – não porque seja ornado pela beleza, mas, para dizer verdade, porque ele próprio é seu adorno mais belo.

[**140**] É desse modo que me parece ter-se engendrado o primeiro homem, em corpo e em alma, superior a todos os que agora existem e a todos os que existiram antes de nós. Pois, enquanto nós tivemos nossa gênese de outros homens, a ele foi Deus quem o fez; e, quanto melhor o artífice, tanto melhor a criatura. Sem dúvida, assim como o que está na flor da idade é sempre melhor que o de idade avançada, seja animal, planta, fruto ou o que quer que exista na natureza, assim também penso que o primeiro homem moldado foi o auge de todo o nosso gênero, ao passo que os que o sucederam não chegaram à flor da idade do mesmo modo, recebendo sempre formas e capacidades mais débeis, conforme a geração a que pertenciam. [**141**] Isso foi o que vi suceder tanto na escultura como na pintura: as cópias são inferiores aos arquétipos, e as pinturas e os moldes tirados das cópias são, por sua vez, ainda mais inferiores, dada a maior distância entre eles e o original. O ímã exibe, também, uma propriedade semelhante: o anel de ferro que está em contato direto com ele é retido com suma violência; o anel contíguo àquele que o toca é retido com força menor; o terceiro pende do segundo; o quarto, do terceiro; o quinto, do quarto; e os demais pendem uns dos outros numa longa fila, todos ligados por uma única força de atração, mas não da mesma maneira. Os que estão suspensos mais longe da origem sempre se soltam, uma vez que a força de atração diminui muito e já não é capaz de retê-los como ao primeiro. Algo similar ocorre com o gênero [*génos*] dos homens, que a cada geração recebem forças e qualidades do corpo e da alma mais débeis. [**142**] Não mentiremos se dissermos que aquele chefe [*arkhēgétēs*] não foi somente o primeiro homem, mas também o único cidadão do mundo, pois que o mundo era de fato sua casa e cidade. Quando

as mãos humanas ainda não tinham feito construções de pedra e madeira, ele já o habitava em completa segurança, como em sua pátria, e livre de qualquer temor, porque era digno do comando das coisas sobre a terra, já que todos os mortais se curvavam diante dele e tinham sido instruídos ou forçados a submeter-se a ele como a seu senhor; e vivia a salvo de ataques, em meio às facilidades de uma paz livre de combates.

[143] Dado que toda e qualquer cidade bem regida tem uma constituição, era imperioso que o cidadão do mundo tivesse por constituição a do mundo inteiro. Tal constituição é a reta razão da natureza, mais propriamente chamada *thesmós*,[25] porque se trata de uma lei divina segundo a qual se designou a cada um o que lhe convém e concerne. Era preciso que nessa cidade e sob essa constituição existissem, antes que homens, cidadãos, a que com justiça poderíamos chamar "cidadãos da cidade grande" [*megalopolítai*], porque lhes foi dado um grandíssimo perímetro para morar e eles foram inscritos no maior e mais perfeito corpo de cidadãos. [144] E o que poderiam ser esses cidadãos senão naturezas racionais e divinas, umas incorpóreas e inteligíveis, outras não privadas de corpos, como o são os astros? Associando-se a eles e convivendo com eles, o homem consumava seus dias numa felicidade não diluída. Da raça e parente próximo do Guia – pois sobre ele fluíra com fartura o sopro [*pneúma*] divino –, esforçava-se por falar e agir tendo sempre por fim a subserviência ao Pai e Rei, e seguia passo a passo os caminhos que, quais estradas, as virtudes abrem. É por isso que somente às almas que se deixam guiar pelo fim de tornar-se semelhantes a Deus, o Criador, somente a elas é dado aproximar-se d'Ele.

[145] Assim, se ao falar da beleza de alma e de corpo do primeiro homem nascido estivemos muito aquém da verdade, ao menos o fizemos como era possível à nossa capacidade. Já seus descendentes, que com ele compartilham a ideia [*idéa*], teriam necessariamente de conservar as marcas, ainda que opacas, do parentesco com seu primeiro antepassado. [146] Mas em que consiste esse parentesco? Todo homem, por sua inteligência [*diánoia*], está intimamente ligado ao *Lógos* divino, pois surgiu como

---

[25] Aqui o termo *thesmós* indica a lei emanada da divindade, em oposição a *nómos*, a lei dos homens. (N. T.)

impressão, fragmento ou resplandecência daquela natureza bem-aventurada. Por outro lado, pela constituição de seu corpo está ligado ao mundo inteiro, porque foi composto dos mesmos elementos de que aquele fora composto: terra, água, ar e fogo, cada um dos quais contribuíram com uma porção apropriada para o suprimento de matéria suficiente que o Artífice precisava tomar para produzir tal imagem [*eikṓn*] visível. [147] Ademais, ele mora em todos os lugares de que falamos como em espaços sumamente apropriados e familiares, e muda-se e viaja de um lugar a outro, de modo que se pode dizer com propriedade que o homem é tudo: terrestre, aquático, aéreo e celeste. Enquanto habita e caminha sobre a terra, é animal terrestre. E amiúde é aquático, enquanto mergulha, nada e navega – e a mais clara prova do que se disse são os mercadores, os marinheiros, os pescadores de púrpura e quantos se entregam à pesca de ostras e peixes. E, enquanto o corpo, erguido, se alça sobre a terra, pode dizer-se com justiça que é aéreo; e acrescente-se que é celeste, porque através da visão, o sentido hegemônico, se aproxima do sol, da lua e de cada um dos demais astros, móveis ou fixos.

[148] E, de modo sumamente correto, Ele atribuiu a imposição dos nomes ao primeiro homem (Gn 2, 19), porque esta é uma obra de sabedoria e de realeza, e ele era um sábio autodidata e educador de si mesmo, produzido das mãos divinas, e, além disso, rei. E é próprio do chefe dar nome a cada uma das coisas que lhe estão subordinadas. Como parece, era excelente a capacidade de comandar do primeiro homem, que Deus moldou diligentemente e considerou digno de ocupar o segundo lugar, assentando-o como seu subcomandante e chefe de todos os outros viventes. Os homens que nasceram muitas gerações depois, apesar de a raça ter perdido vigor com os longos períodos de tempo transcorridos, não são menos senhores dos entes irracionais, e guardam ainda a tocha da soberania e do domínio, transmitida a eles pelo primeiro homem. [149] Moisés diz, em seguida, que Deus guiou todos os animais para junto de Adão, desejoso de saber que nome daria a cada um. Não porque tivesse alguma dúvida – pois nada é desconhecido de Deus –, mas por saber que dotara um mortal de uma natureza racional que se move por si mesma, a fim de que Ele mesmo não tivesse nenhuma participação no mal. Assim

como um mestre faz com seu pupilo, Ele punha-o à prova, despertando nele uma habilidade inata e convidando-o a uma demonstração de suas obras pessoais, para que impusesse por si mesmo os nomes, nem impróprios nem inadequados, mas nomes que deixassem bastante claras as peculiaridades de seus sujeitos. [**150**] De fato, como ainda era pura a natureza racional que jazia em sua alma e não se lhe tinha introduzido nenhuma doença, vício ou paixão, Adão recebeu não misturadas e puras as imagens [*phantasíai*] de corpos e de atos e deu-lhes os nomes exatos, visando a representar exatamente as realidades significadas, de modo que, ao mesmo tempo que dizia seus nomes, já apreendia sua natureza. Excelia assim o primeiro homem em todas as nobres qualidades, atingindo os limites da felicidade humana.

[**151**] Como, porém, nada na criação é firme e os mortais estão necessariamente sujeitos a mudanças e variações, era preciso que o primeiro homem também desfrutasse de alguma desventura. E a origem de sua existência repreensível foi a mulher. Pois, enquanto era apenas um, assemelhava-se, em virtude de sua unidade, ao mundo e a Deus, e levava na alma a impressão de caracteres de ambas as naturezas (não de todos, mas de quantos é capaz de abrigar a constituição mortal). Mas quando a mulher foi moldada, ao ver uma figura irmã, uma forma familiar, Adão recebeu a visão com gozo e, aproximando-se dela, abraçou-a. [**152**] Ela, por sua vez, não vendo outro animal que se parecesse mais com ela que aquele, alegrou-se e saudou-o com pudor. Sobrevindo então o amor [*érōs*], como que reunindo duas partes separadas de um só animal, ajustou-os numa unidade, inspirando a cada um o desejo [*póthos*] de comunhão com o outro, o qual tem por fim a geração de um semelhante. Mas tal desejo gerou também o prazer dos corpos, origem de injustiças e transgressões e razão por que se troca uma vida imortal e feliz por uma mortal e miserável.

[**153**] Mas quando o homem levava uma vida solitária, antes da criação da mulher, relata-se que Deus criou um jardim [*parádeisos*] em nada semelhante aos que nos são familiares (Gn 2, 8 ss.). Com efeito, a matéria destes é decerto inanimada, e eles estão cheios de todos os tipos de árvores, umas sempre verdes para o contínuo prazer da vista, outras que não florescem e proliferam senão na primavera; umas que dão aos homens o fruto

cultivado, tanto com fins nutritivos como para o sofisticado deleite de uma vida luxuosa, outras, por fim, que produzem outro tipo de frutos, destinado fundamentalmente aos animais. No jardim divino, ao contrário, todas as plantas eram animadas e racionais, e portavam como a frutos as virtudes e, além destas, um conhecimento [*sýnesis*] e uma sagacidade [*ankhínoia*] incorruptíveis com que discernir o bem e o mal, uma vida livre de enfermidades, a incorruptibilidade [*aphtharsía*] e tudo o que se assemelha a isso. [154] A meu ver, tais considerações parecem supor um filosofar em sentido mais simbólico que próprio, pois sobre a terra ainda não apareceu no passado nenhuma árvore da vida nem nenhuma árvore do conhecimento, nem é verossímil que apareçam no futuro. Parece, antes, que com o nome de "jardim" [*parádeisos*] Moisés faz alusão ao princípio hegemônico [*tò hēgemonikón*] da alma, repleta de algum modo dessa miríade de plantas que se chamam opiniões [*dóxai*]; com o nome de "árvore da vida", à teosebia, a maior das virtudes, a que torna a alma imortal; e com o nome de "árvore do conhecimento do bem e do mal", à prudência [*phrónēsis*], virtude intermediária com que se julgam as coisas contrárias por natureza.

[155] Tendo estabelecido na alma tais limites, Deus, como juiz, observava para que lado ela se inclinaria. Quando viu que tendia para a malícia e negligenciava a piedade e a santidade das quais deriva a vida eterna, expulsou-a com cólera do jardim, como convinha, sem dar esperança de retorno à alma que cometeu um erro incurável e sem remédio. O motivo do embuste, que não convém calar, era repreensível ao extremo. [156] Diz-se-nos que há muito tempo a serpente, réptil venenoso e nascido da terra, emitiu uma voz de homem e, aproximando-se certa vez da mulher do primeiro homem, lhe censurou a lentidão e os escrúpulos excessivos, pois que adiava e procrastinava a oportunidade de colher o fruto mais belo de ver, mais saboroso de saborear e, mais que isso, sumamente útil, porque com ele poderia conhecer [*gnōrízō*] o bem e o mal. Com um juízo volúvel e instável, a mulher consentiu irrefletidamente em comer do fruto e deu-o de comer ao homem, e ambos passaram subitamente da sinceridade e ausência de maldade para a malícia, com o que se irritou o Pai, porque tal atitude era digna de sua cólera. Desdenhando, pois, a árvore da vida eterna, a consumação da virtude, com a qual poderiam gozar de

uma vida bem-aventurada e feliz, optaram não por uma vida, mas por um tempo efêmero e mortal, cheio de misérias; e Deus fixou-lhes, por conseguinte, os castigos que mereciam.

[157] Isso não é das ficções fabulosas com que se compraz o gênero dos poetas e dos sofistas, mas exemplos de figura que nos convidam à interpretação alegórica segundo a explicação dos significados subjacentes. Assim, segundo uma conjectura verossímil, alguém poderia dizer com toda a propriedade que a serpente mencionada é um símbolo do prazer. Primeiro, porque é um animal sem patas e virado para baixo, inclinado sobre o ventre; segundo, porque se alimenta de torrões de terra; terceiro, porque transmite seu veneno pelos dentes, matando aqueles que morde. [158] O amante do prazer não é estranho a nada do que se disse, pois que, pesado e rastejante, lançado ao chão e arruinado pela intemperança [*akrasía*], mal consegue erguer a cabeça. Não se alimenta da comida celestial que a sabedoria, mediante palavras e doutrinas, concede aos amantes da contemplação, mas nutre-se do que lhe fornece a terra a cada estação. Daí derivam a embriaguez, a gula e a glutonaria, que abrem e reacendem até à voracidade os desejos do ventre, tornando o homem escravo dessa mesma glutonaria, e aumentam e desencadeiam o desejo veemente do baixo ventre. Ele goza do fruto do trabalho dos padeiros e dos cozinheiros e, virando a cabeça, tenta sorver a fumaça perfumada que emana das oferendas queimadas. Ao ver uma mesa farta, precipita-se sobre ela e cai em cima de tudo o que foi preparado, na ânsia de devorá-lo de uma vez. Seu fim não é, todavia, a saciedade, mas não deixar que reste nada do que foi preparado. [159] É por isso que ele, não menos que a serpente, carrega veneno nos dentes, que são servos e criados da avidez: partem e trituram tudo quanto é comestível e depois entregam os alimentos primeiro à língua, para que emita um juízo a respeito do sabor, e depois à garganta. Ora, a desmedida no comer é fatal e venenosa por natureza, uma vez que não há como completar a digestão quando se ingerem outros alimentos antes de se evacuarem os primeiros. [160] Moisés diz-nos também que a serpente emitia voz humana porque o prazer se utiliza para sua guarda e proteção de milhares de defensores e campeões, os quais ousam ensinar que seu poder se estende a todos, pequenos e grandes, sem exceção.

[161] As primeiras relações entre macho e fêmea tiveram certamente o prazer como guia, e é graças a ele que se dão as fecundações e as gerações. E a primeira coisa com que se familiarizam as criaturas não é outra senão o prazer: com ele alegram-se, e repelem seu contrário, a dor. Por essa razão chora o recém-nascido. É de imaginar que o frio que sente lhe cause dor. Ao sair de um lugar quente e ardente na matriz da mãe, onde habitou por muito tempo, e ao passar repentinamente para o ar, lugar frio e estranho, vê-se afetado; e seus lamentos são a mais clara prova de sua aversão à dor que sente. [162] Dizem que todo e qualquer animal busca o prazer como a seu fim mais necessário e fundamental, mas o homem fá-lo com especial veemência. Enquanto os animais o buscam somente por meio do paladar e dos órgãos genitais, o homem fá-lo também por meio de todos os outros sentidos, e persegue com os ouvidos e os olhos tudo quanto lhe possa proporcionar um gozo visual ou acústico. [163] Muito mais se tem dito em louvor da paixão como o traço mais distintivo e mais próprio dos animais.

Por ora, todavia, o que dissemos basta para explicar por que a serpente parecia emitir voz humana. Assim, também nas leis particulares que prescreveu sobre os animais que devem e sobre os que não devem servir de alimento, parece-me que Moisés recomendou em especial o chamado ofiômaco (Lv 11, 22), um inseto que sobre as patas tem pernas com que pode saltar naturalmente na terra e elevar-se ao ar, como o gênero dos acrídeos. [164] Ora, o ofiômaco a meu ver não é senão um símbolo da temperança [*enkráteia*], que trava um combate implacável e uma guerra sem quartel contra a intemperança [*akrasía*][26] e o prazer. A temperança ama a simplicidade, a frugalidade e tudo o que é preciso para uma vida austera e digna, ao passo que a intemperança ama o luxo e a extravagância, que são causas de lassidão e de enervamento para a alma e para o corpo, donde resulta uma vida reprochável e mais penosa que a morte, de acordo com os que pensam com sensatez.

[165] O prazer não ousa endereçar seus encantamentos e engodos ao homem, mas à mulher e, por meio dela, a ele, de modo sumamente natural e certeiro, porque em nós o intelecto [*noûs*] desempenha o papel do

---

[26] *Enkráteia* também se poderia traduzir, socraticamente, por "autocontrole". (N. C.)

homem, e a sensação o da mulher. O prazer encontra-se e familiariza-se primeiro com os sentidos e, por meio deles, engana também ao soberano intelecto. Quando todos os sentidos se submetem a seus feitiços, comprazendo-se com o que lhes é oferecido – a visão com a variedade de cores e de figuras, a audição com as harmonias de sons, o paladar com os sabores agradáveis, e o olfato com a boa fragrância dos vapores sorvidos –, então, recebidas essas dádivas, eles endereçam-nas à faculdade racional tais quais servas a seu senhor, tendo a persuasão como intercessora para não deixar que absolutamente nada seja rejeitado. Tal faculdade, uma vez seduzida, passa imediatamente de chefe a subordinada, de senhora a escrava, de cidadã a fugitiva, de imortal a mortal. [166] Em suma, não se deve ignorar que o prazer, luxuriante como uma hetera, deseja ardentemente encontrar um amante; e busca caftinas que o auxiliem a fisgar um. Ora, quem serve de caftina e direciona o amante são os sentidos, que, seduzindo o intelecto com facilidade, o submetem a seu domínio: levam até a seu interior as aparências externas, anunciam-nas, mostram-nas e, estampando nele as impressões de cada uma delas, provocam nele a paixão correspondente. À semelhança da cera, o intelecto recebe as imagens por meio dos sentidos, graças aos quais apreende as realidades corpóreas que por si mesmo não é capaz de apreender, como eu já disse.

[167] A paga do prazer, logo a descobriram os primeiros escravos de uma árdua e incurável paixão. A mulher recebeu as violentas dores do parto e sucessivos sofrimentos ao longo da vida, em especial os concernentes à geração de filhos e a seu crescimento, sejam eles doentes ou sãos, afortunados ou infortunados. Recebeu também a perda da liberdade e o domínio do homem com quem vive, a cujas ordens é obrigada a obedecer. O homem, por sua vez, recebeu trabalhos, fadigas e o suor constante na obtenção das coisas necessárias. Viu-se privado dos bens que a terra aprendera a conceder espontaneamente sem a ciência agrícola, e obteve então sua parte de ininterruptas fadigas na busca dos meios de vida e de alimentação, para não morrer de inanição. [168] Creio que, assim como o sol e a lua seguem sempre brilhando, conquanto tenham recebido uma só vez, no princípio da criação do mundo, a ordem para fazê-lo, e continuam a observar o comando divino unicamente porque o mal foi banido para longe

do céu, assim também as partes copiosas e férteis da terra continuaram a oferecer fartura de frutos a cada estação do ano sem a arte nem o auxílio dos agricultores. Mas, agora que a maldade sobrepuja as virtudes, as fontes perpétuas das graças de Deus foram refreadas para não saciar os indignos. [**169**] Na verdade, era preciso que o gênero humano, para receber a devida punição, fosse aniquilado em paga de sua ingratidão para com Deus, seu benfeitor e salvador. Ele, porém, por natureza misericordioso, compadeceu-se e abrandou o castigo: permitiu que o gênero humano se perpetuasse; mas deixou de fornecer-lhe como outrora o alimento preparado, para evitar que, imersos em dois vícios, a indolência e a insolência, os homens cometessem faltas e injúrias.

[**170**] Tal foi a vida dos que, se no princípio desfrutaram a inocência e a simplicidade, depois preferiram a maldade à virtude. Entre as muitas outras coisas que Moisés nos ensina no relato da criação do mundo, há cinco belíssimas e nobilíssimas. A primeira é que a divindade existe de fato; e ele di-lo por causa dos ateus, entre os quais uns, hesitantes, estavam em dúvida quanto à sua existência, e outros, mais ousados, se atreveram a afirmar que a divindade não existe em absoluto e que dela não falam senão os homens que obscurecem a verdade com ficções fabulosas. [**171**] A segunda é que Deus é um; e ele di-lo por causa dos que pregam a visão politeísta, os quais não se envergonham de transportar do céu para a terra a mais torpe das formas de governo, a oclocracia.[27] A terceira, como já se disse, é que o mundo é criado; e di-lo por causa dos que julgam que é incriado e eterno, sem atribuir a Deus nenhuma superioridade. A quarta é que o mundo é um, porque um também é o Artífice, que fez sua obra ter singularidade semelhante à sua e usou a totalidade da matéria na criação do todo – pois não seria todo se não fosse formado e constituído de todas as partes. Disse-o Moisés porque certamente há quem suponha que há muitos mundos e até quem pense que os há infinitos [*ápeiroi*]: são ignorantes [*ápeiroi*][28]

---

[27] Ou governo tirânico da massa. Cf. Políbio, 6.4.6 e 6.57.9. (N. T.)

[28] Fílon faz aqui um jogo de palavras intraduzível com dois termos homógrafos e homófonos, mas de origem e sentido diferentes: *ápeiros* ("infinito"), derivado de *peírar* ("fim", limite"), e *ápeiros* ("ignorante, inexperiente"), derivado de *peíra* ("experiência, empreendimento, tentativa"). (N. T.)

e desconhecedores da verdade das coisas que é belo conhecer. A quinta é que Deus cuida do mundo mediante sua providência, pois, pelas mesmas leis e normas da natureza segundo as quais os pais velam pelos filhos, é preciso que o Criador vele sempre por suas criaturas.

[172] Quem aprendeu estas lições não tanto pelo ouvido quanto pela inteligência [*diánoia*] e gravou na alma tais ideias admiráveis e de tão alto valor – a saber, que Deus existe e reina; que este que existe verdadeiramente é um; que Ele fez o mundo, e o fez um, como se disse, fazendo-o semelhante a Ele na singularidade; e que Ele é sempre providente com sua criação –, viverá uma vida bem-aventurada e feliz, marcada pelos ensinamentos da piedade e da santidade.

DE AETERNITATE MUNDI

DA INCORRUPTIBILIDADE DO MUNDO[1]

[1] Em todo e qualquer acontecimento obscuro e importante, convém invocar a Deus, porque, sendo Ele o bom Criador, nada lhe é obscuro: possui o mais exato conhecimento da totalidade das coisas. Mas a invocação é especialmente necessária num tratado sobre a incorruptibilidade do mundo, porque no domínio do sensível não há nada mais completo que o mundo, e no domínio do inteligível não há nada mais perfeito que Deus. O guia da sensação é sempre o intelecto, enquanto o guia do sensível é o inteligível; e a lei para aqueles que, por natureza, estão tomados por um desejo ainda maior da verdade é perguntar-se curiosamente sobre aquele que é o guia e suporte das coisas subordinadas. [2] Assim, se, instruídos nas doutrinas da prudência, da temperança e de todas as virtudes, repelirmos as manchas das paixões e das doenças, Deus provavelmente não se negará a mostrar a almas completamente purificadas e resplandecentemente limpas o conhecimento das coisas celestes, seja por meio de sonhos, seja por meio de oráculos, de sinais ou de prodígios. Mas, tendo impressas em nós, indelevelmente, as marcas da insensatez, da injustiça e dos outros vícios, devemos ficar contentes se, entregues a nós mesmos, encontrarmos uma imitação da verdade fundada em conjecturas verossímeis.

---

[1] Ainda que mais conhecido pelo título em língua latina (*De Aeternitate Mundi*), este tratado recebeu o título grego Περὶ ἀφθαρσίας κόσμου ("Da Incorruptibilidade do Mundo"), que aparece nos melhores manuscritos (Vaticanus, Venetus e Metropolitanus); e não sem razão, uma vez que a noção de corrupção (e correlatos) e a de seu contrário aparecem com muita frequência no tratado. (N. T.)

[3] Se buscamos, pois, saber se o mundo é incorruptível [*áphthartos*], como "corrupção" [*phtharsía*] e "mundo" são termos empregados em vários sentidos, vale a pena investigar os termos primeiramente, para distinguir o que significam e de que modo foram dispostos. Não é preciso, contudo, enumerar todos os seus significados, mas apenas os que forem úteis ao propósito do presente ensinamento. [4] Pois bem, num primeiro sentido, diz-se que o mundo é o conjunto formado pelo céu, pela terra, pelos astros ao seu redor e por todos os animais e plantas existentes sobre ela. Num segundo sentido, diz-se que ele é apenas o céu: vendo-o dessa forma, Anaxágoras respondeu a quem lhe perguntava por que motivo suportava passar a noite ao relento que era "para contemplar o mundo", referindo-se aos movimentos circulares e revoluções dos astros. Num terceiro sentido – o que lhe é dado pelos estoicos –, diz-se que é o que se estende até à conflagração final [*ekpýrōsis*], alguma substância [*ousía tís*] organizada ou não, cujo intervalo do movimento, diz-se, constitui o tempo. Mas aqui nossa consideração sobre o mundo se volta para seu primeiro sentido, ou seja, aquele segundo o qual o mundo é o que é composto do céu, da terra e de todos os viventes presentes nela. [5] Quanto ao termo "corrupção", diz-se de uma mudança para pior, ou até da completa destruição do ser, fato que – há que dizer – não poderia existir. Com efeito, assim como nada surge do não ser, assim também nada é corrompido até ao não ser, "pois é impossível surgir algo daquilo que não é de maneira alguma, e é impossível que o que é pereça por completo, inacabado e inalterado",[2] enquanto acrescenta o poeta trágico:

> Nada do que veio a ser perece,
> mas uns dos outros se diferenciam os entes,
> exibindo forma própria.[3]

[6] Certamente não há nada mais tolo que perguntar-se se o mundo se corrompe até ao não ser. Mas, analisando as variadas configurações dos elementos e dos compostos na direção de uma única e mesma forma, é

---

[2] Empédocles, frag. 12 Diels. (N. T.)
[3] Eurípedes, frag. 839 (da tragédia *Crisipo*). (N. T.)

aceitável considerar se lhe ocorreu uma mudança na ordenação ou se foi afetado por total confusão, como quando tudo é quebrado e triturado.

[7] Há três opiniões quanto a esta questão: a daqueles que dizem que o mundo é eterno [*aídios*], incriado [*agénētos*] e indestrutível [*anólethros*]; a dos que, ao contrário, dizem que é criado [*genētós*] e corruptível [*phthartós*]; e há ainda a dos que, acolhendo um pouco de cada uma das opiniões (dos últimos a ideia de que o mundo é criado, e dos primeiros a de que é incorruptível), legam uma opinião mista à posteridade, pensando que o mundo é criado e incorruptível. [8] Assim, Demócrito, Epicuro e a enorme multidão de filósofos da Stoa legaram à posteridade o nascimento e a corrupção do mundo. Mas fizeram-no de maneira distinta. Os primeiros imaginam uma pluralidade de mundos, cujo nascimento atribuíram às conjunções e interações entre os átomos, e cuja corrupção atribuíram aos choques e colisões entre os entes formados. Os estoicos, em contrapartida, acreditavam que há um único mundo e que Deus é a causa de seu nascimento, mas não de sua corrupção. A causa desta seria a potência do fogo infatigável que reside nos entes e que, ao fim de longos períodos, resolve a totalidade do mundo em si mesma, donde novamente sobrevém um renascimento do mundo por efeito da providência do artífice. [9] Segundo eles, poder-se-ia dizer que o mundo é, por um lado, eterno [*aídios*] e, por outro, corruptível [*phthartós*]: corruptível por sua organização, e eterno por sua conflagração [*ekpýrōsis*], em razão de ele ter-se tornado imortal pelos renascimentos e ciclos que dizem não cessam jamais.

[10] Era com espírito de piedade e de religião que Aristóteles se opunha a essa opinião, dizendo que o mundo é incriado e incorruptível, e condenava o funesto ateísmo dos que iam na direção contrária, acreditando que não houvesse nenhuma diferença entre os objetos feitos pela mão do homem e tão grande deus visível, que compreende o sol, a lua e todo o panteão dos demais corpos celestes – os planetas e os fixos. [11] Segundo certa tradição, ele acrescentava, em tom de repreensão, que antes temera por sua casa, que fosse revirada por ventos violentos, por tempestades severas, pelo tempo ou pela negligência dos devidos cuidados; mas que então pairava sobre ele um medo muito maior: o medo dos que destroem o mundo inteiro com a razão [*lógos*]. [12] Todavia, alguns dizem que não

foi Aristóteles o inventor desta teoria, mas alguns pitagóricos. Eu mesmo li um escrito de Ocelo de Lucânia[4] intitulado *Sobre a Natureza do Universo*, em que ele não só declarava que o mundo é incriado e incorruptível, mas também o fundamentava com provas.

[13] Que o mundo é criado mas incorruptível, di-lo Platão, no *Timeu*, no meio da divina assembleia em que ele faz o mais velho e chefe dos deuses dizer aos mais novos:

> Deuses filhos de deuses, as obras de que sou artífice e pai, por tê-las gerado eu, não se destroem se eu não o quiser. Certamente, tudo o que foi atado é desatável, mas querer desagregar o que está bem e belamente harmonizado é próprio do malvado. Por isso, dado que fostes criados, vós não sois absolutamente imortais nem indissolúveis. No entanto, não sereis desagregados de forma alguma, nem tomareis parte na morte, pois minha vontade é um vínculo ainda maior e mais poderoso que aqueles que obtivestes por quinhão quando nascestes.[5]

[14] Mas há quem tenha sutilizado, supondo que, segundo Platão, o mundo é criado não por ter tido um início de criação, mas – se de fato foi criado – por não constituir-se senão do modo referido, ou ainda por ser em sua criação e em sua mudança que se consideram suas partes. [15] Mas a melhor e mais verdadeira maneira de compreendê-lo é a primeira, não só porque em todo o seu escrito Platão chama pai, criador e artífice àquele que plasmou o divino, e chama obra e progênie dele ao mundo – imitação sensível de um modelo arquetípico e inteligível, a qual encerra em si como sensível tudo quanto é inteligível naquele, e impressão perfeita na ordem da sensação do que há de perfeito na ordem do intelecto –, [16] mas também porque Aristóteles é testemunha dessa interpretação de Platão – ele, que por respeito à filosofia jamais teria falseado nada – e porque não há ninguém cujo testemunho seja mais digno de confiança que o pupilo, principalmente

---

[4] Possivelmente, Ocelo de Lucânia (séc. VI-V a.C.) foi discípulo direto de Pitágoras. A obra citada por Fílon, porém, escrita em dialeto jônico e comumente atribuída a Ocelo, é em verdade um texto espúrio que não pode ter-se escrito antes do primeiro século a.C. (N. T.)

[5] Platão, *Timeu*, 41a-b. (N. C.)

aquele que não considera a educação algo secundário que se deva tratar com diletantismo volúvel, mas está seriamente determinado a ultrapassar as descobertas dos antigos, inovando e acrescentando novas descobertas a alguns dos mais essenciais domínios de cada parte da filosofia.

[17] Alguns consideram que o pai dessa doutrina platônica é o poeta Hesíodo, pois pensavam que o poeta afirmara que o mundo é criado e incorruptível. Criado, por ter dito:

> O que primeiro existiu foi o Caos; e logo a seguir
> a Terra de seio fecundo, eterna e segura morada de todos.[6]

E incorruptível, por jamais ter mencionado sua dissolução nem sua corrupção. [18] Enquanto Aristóteles pensa que o Caos é um lugar, por ser necessário um fundamento prévio para receber um corpo, alguns estoicos consideram, ao contrário, que é a água, e que o nome Caos deriva de "corrente" [*khýsis*]. Qualquer que seja destes dois o caminho que se tome, o fato é que Hesíodo refere de maneira muito clara que o mundo é criado.

[19] E muito antes disso Moisés, o legislador dos judeus, dissera nos livros sagrados, que são cinco, que o mundo é criado e incorruptível. Ao primeiro destes livros dera o nome de Gênesis [criação], e este primeiro livro começa da seguinte maneira: "No princípio Deus fez o céu e a terra e a terra era invisível e informe" (Gn 1, 1-2).[7] Depois, nos versículos seguintes, Moisés indica ainda que os dias, as noites, as estações, os anos, a lua e o sol, que receberam a função natural de medir o tempo, foram destinados a ser imortais e a permanecer incorruptíveis, assim como a totalidade do céu (cf. Gn 1, 14; 8, 22).

---

[6] Hesíodo, *Teogonia*, 116-117. (N. T.)

[7] Neste trecho do *Gênesis*, o texto hebraico difere consideravelmente da versão da *Septuaginta*. Em vez de caracterizar a terra como invisível e não formada, traz duas palavras que soam onomatopeicamente, *tohu* ("confusão") e *bohu* ("caos"), e que se repetem em Jr. 4, 23. A *Septuaginta* parece levar em conta a noção presente no livro da Sabedoria 11, 18, segundo a qual o mundo provém de "matéria amorfa", conforme a mesma *Septuaginta* (ou de "matéria nunca vista", conforme o texto hebraico). Há quem pense, ainda, que os setenta sábios tinham em mente também *Timeu*, 51a, onde Platão apresenta o mundo como invisível (*anóratos*) e amorfo (*amórphos*). (N. T.)

[20] Mas, por respeito ao deus visível, é preciso expor primeiro as razões de estabelecer que o mundo é incriado e incorruptível, dando assim início apropriado à discussão. Para tudo o que está sujeito a corrupção, há duas causas de destruição, uma interna, outra externa. O ferro, o bronze e as demais substâncias deste tipo podem desaparecer por si mesmos quando a ferrugem, como uma doença infecciosa, os ataca e corrói; mas desaparecem por uma causa externa quando, queimados no incêndio de uma casa ou de uma cidade, se dissolvem sob a violência impetuosa do fogo. De maneira semelhante, também nos animais o fim, por um lado, é consequência de adoecerem por si mesmos e, por outro, de fatores externos, como quando são sacrificados, lapidados, queimados ou sujeitos à impura morte por enforcamento. [21] Ora, se o mundo também se corrompe, então há de ser ou por uma potência externa ou por uma potência interna a ele; mas ambas as opções são impossíveis, pois fora do mundo não há nada, tudo coopera para sua plena conformação. Desse modo, ele será uno, inteiro, e imune à velhice. Uno porque, se fossem deixadas fora dele certas coisas, haveria então outro mundo, semelhante ao que existe; porque a substância [*ousía*] do todo foi completamente consumida nele; e imune à velhice e à doença porque os corpos expostos às doenças e ao envelhecimento são fortemente transtornados por calores, frios e outras contrariedades vindas de fora, nenhuma das quais tem capacidade de escapar ao mundo para cercá-lo e atacá-lo: todas estão enclausuradas no interior dele, sem que nenhuma parte possa separar-se. Assim, se há algo externo, não pode ser senão vazio [*kenós*], natureza inerte e incapaz de padecer ou de fazer qualquer coisa. [22] E tampouco será o mundo destruído por uma causa proveniente de seus elementos internos. Em primeiro lugar, porque, se tal se desse, a parte seria maior e mais possante que o todo, o que é o maior dos absurdos: o mundo desfruta de uma potência insuperável para conduzir todas as partes, não sendo jamais conduzido por nenhuma delas. Em segundo lugar, porque, havendo duas causas de corrupção, uma interna e outra externa, tudo o que está sujeito a uma deveria também admitir a outra, qualquer que fosse. [23] Prova disso são os bois, os cavalos, o homem e uma série de outros animais similares, pois é natural que sejam destruídos sob o ferro e pereçam por alguma doença. De fato é difícil – ou melhor,

impossível – encontrar algo que, sujeito a corrupção por uma causa exterior, seja completamente imune a ela por efeito de uma causa interior. [24] Ora, se já se mostrou que o mundo não é corrompido por nenhum fator externo, por não haver absolutamente nada fora dele, tampouco o será por algo interno a ele, em virtude da demonstração que se acaba de fazer, segundo a qual aquilo que está sujeito a uma das duas causas está naturalmente exposto à outra.

[25] Há ainda o testemunho das passagens do *Timeu* segundo as quais o mundo é imune a doença e corrupção, como a seguinte:

> A constituição do mundo incluiu a totalidade destes quatro elementos. Com efeito, foi da totalidade do fogo, da água, do ar e da terra que o constituidor o constituiu, sem deixar de fora nenhuma parte de nenhum elemento e nenhuma potência, tendo na mente as seguintes intenções: [26] primeira, que o universo fosse principalmente um vivente perfeito e composto de partes perfeitas; segunda, que fosse único, sem deixar fora dele nenhuma coisa de que pudesse nascer outro como ele; e, por fim, que ele se visse livre de envelhecimento e de enfermidades, pois sabia bem que, se calores, frios e todas as potências vigorosas cercam de fora um corpo composto e se precipitam ao acaso sobre ele, introduzem nele as doenças e a velhice, fazendo-o perecer. Por causa disso e assim raciocinando é que Deus constituiu o universo com a totalidade das coisas e o fez perfeito e imune à velhice e a qualquer doença.[8]

[27] Esta passagem de Platão deve ser recebida como testemunho da incorruptibilidade do mundo; e o fato de o mundo ser incriado deve ser tomado como natural consequência lógica. Pois a dissolução resulta de ter sido criado, enquanto a incorruptibilidade resulta de ser incriado. Também o poeta autor do trímetro "O que foi criado deve morrer"[9] parece ter escrito com toda a propriedade: ele compreendeu a sucessão das causas da geração e da corrupção [...].[10]

---

[8] Platão, *Timeu*, 32c-33b. (N. T.)

[9] Verso de autor desconhecido. (N. T.)

[10] Neste ponto há uma pequena lacuna no texto, o que, contudo, não impede sua compreensão. (N. T.)

[28] E há ainda outro ponto: todos os compostos que são destruídos se dissolvem nos elementos de que eram compostos. A dissolução não é nada mais que o retorno de cada coisa à sua natureza, enquanto a composição, ao contrário, é o que força os componentes a um estado contrário à sua natureza. E eis precisamente o que mostra que tal proposição é a mais inequívoca: [29] os homens são compostos dos quatro elementos que, juntos, constituem o universo: a água,[11] a terra, o ar e o fogo, pequenas partes que tomamos emprestadas e que nos constituem. E estas partes assim mescladas são privadas de sua posição natural: o calor, que tende a subir, passa a descer; a matéria terrestre e pesada torna-se leve e passa a ocupar um lugar elevado, a cabeça, a mais terrestre de nossas partes. [30] Ora, entre os liames, aquele que a violência atou é o mais medíocre, o mais frágil e o de mais curta duração: é mais rapidamente rompido pelo impulso dos que ele ligara, os quais, desejosos de retomar o movimento natural na direção do qual se precipitam, o fazem cair de sua nuca. Com efeito, como disse o trágico:

> Fazendo o caminho de volta,
> o fruto nascido da terra à terra
> torna, e o que germina de sementes etéreas
> retorna à abóbada celeste;
> nada do que veio a ser perece,
> mas uns dos outros se diferenciam os entes,
> exibindo forma própria.[12]

[31] Todos os corpos que se corrompem estão sujeitos à seguinte lei e regra: cada vez que os elementos se reúnem para formar uma mistura, substituem a ordem natural por uma desordem e são levados a migrar para os lugares opostos a seu estado primeiro, parecendo assim que, de

---

[11] Nos manuscritos, em lugar de *hýdōr* ("água") – sugestão de Cumont – aparece *ouranós* ("céu"), mas cabe supor – como o fizeram alguns editores – que um copista distraído se tenha confundido. A emenda funda-se no consabido fato de a lista de terra, fogo, água e ar como os quatro elementos ser bastante comum, dando-se também na obra do próprio Fílon (cf. *Leg.* III, 101; *Deter.* 62; *Somn.* I, 16). (N. T.)

[12] Eurípides, frag. 839, 8-14 (da tragédia *Crisipo*). (N. T.)

algum modo, estão ali como estrangeiros. Quando, porém, uma mistura se dissolve, cada um deles retorna ao quinhão que por natureza lhes é próprio. [32] O mundo, por sua vez, está livre da desordem presente nas misturas mencionadas. Vejamo-lo: se o mundo se corrompesse, suas partes necessariamente ocupariam atualmente um lugar oposto à sua natureza; mas supor tal coisa não é lícito, dado que todas as partes do mundo obtiveram o melhor lugar e uma ordem harmoniosa, de modo que cada parte, contente com o lugar em que se encontra, como que em sua pátria, não busca mudança para melhor. [33] É por isso que o lugar mais central foi designado para a terra, ao qual caem todos os elementos terrestres, ainda quando lançados ao ar – o que é sinal de localização natural –, pois, onde quer que permaneça e repouse algo que não está subordinado a nenhuma força exterior, esse é o lugar que lhe cabe propriamente. A água verteu-se sobre toda a terra; o ar e o fogo avançaram do centro para o alto – tendo o ar recebido um lugar intermediário entre a água e o fogo, e o fogo o lugar mais elevado. Por essa razão, quando acendemos uma tocha, ainda que a viremos para a terra, a chama não se esforçará menos por voltar-se para a direção contrária e, iluminando conforme o movimento natural do fogo, elevar-se-á. [34] Se, pois, é causa de corrupção para os viventes uma disposição contrária à natureza, mas todas as partes do mundo estão dispostas de acordo com a natureza e ocupam os lugares que lhes são próprios, podemos então dizer com razão que o mundo é incorruptível.

[35] Além disso, é evidente para todos que cada natureza se esforça por manter, preservar e, se possível, tornar imortal cada coisa de que é natureza. A natureza das árvores esforça-se por fazê-lo às árvores, e a dos animais a cada um dos animais. [36] Mas a natureza particular é necessariamente demasiado fraca para conduzir à eternidade, pois a deficiência, a chama, o frio ou a miríade de outras circunstâncias que costumam combinar-se para atacar um corpo o agitam, desatam o laço que assegurava a coesão de suas partes, e por fim o destroçam. Se nenhuma dessas circunstâncias exteriores estivesse emboscada à sua espera, e na medida em que tal dependesse apenas desta natureza, ela conservaria imperecíveis tanto suas partes grandes como as pequenas. [37] Necessariamente, por conseguinte, também a natureza do mundo deseja a perenidade do universo,

pois não é inferior às partes que a compõem: ela tampouco busca fugir e abandonar seu posto para pôr-se a instalar a doença em vez da saúde e a corrupção em vez da preservação integral, já que

> por sobre tudo ergue então a face e a fronte
> e fácil ela se distingue dentre todas as belezas.[13]

Mas, se isso é verdadeiro, então o mundo não admite corrupção. Por quê? Porque a natureza que lhe assegura a coesão é invencível, graças à grande potência de sua força, e comanda todas as atividades que a poderiam prejudicar. [38] Por isso, tem razão Platão:

> Nada saía dele nem nada entrava nele por lugar algum, pois não havia mais nada. Com efeito, é o mundo que se dá a si mesmo seu próprio alimento, seu próprio perecimento, todas as suas paixões e ações, feito como é segundo a intenção de seu artífice. Pois aquele que o compôs pensou que seria melhor ele ser autônomo que ter necessidade de qualquer outra coisa.[14]

[39] Eis ainda um argumento muito convincente – sei-o eu – e exaltado por grande número de homens, que o consideram muito pertinente e completamente irrefutável. Eles perguntam-se: Por que motivo Deus corromperia o mundo? Se o fizesse, seria ou para cessar de criar o mundo ou para construir outro. [40] A primeira hipótese é estranha a Deus, pois não lhe corresponde senão transformar a desordem em ordem, e não a ordem em desordem. Mais ainda: se tal se desse, Ele admitiria o arrependimento, uma paixão e doença da alma. Pois teria sido preciso que Ele não criasse o mundo inteiramente ou que, julgando a obra digna dele, se alegrasse com sua criação. [41] Mas a segunda hipótese merece que nos detenhamos um pouco mais. Com efeito, se Deus pretendesse fazer outro mundo para substituir o que agora existe, então este segundo mundo teria necessariamente de ser pior, semelhante ou melhor que o primeiro. Ora, as três suposições são inaceitáveis. Se o mundo fosse pior, o artífice seria pior: mas as coisas

---

[13] Homero, *Odisseia*, VI, 107-08. Homero refere-se, aqui, à deusa Ártemis. (N. T.)
[14] Platão, *Timeu*, 33c. (N. T.)

produzidas pela arte e pela ciência perfeita de Deus são irrepreensíveis, irreprocháveis, não melhoráveis, pois, como se diz,

> não há mulher tão desprovida de bom senso
> que escolha o pior quando tem o melhor a seu lado.[15]

O próprio de Deus é dar forma às coisas informes e revestir as feias de maravilhosas belezas.

[42] Se tal outro mundo fosse semelhante a este, o artífice teria trabalhado em vão, em nada diferindo das crianças pequenas, que, ao brincar na praia, amiúde erguem pequenas montanhas de areia para, em seguida, desfazendo-lhes a base com as mãos, fazê-las ruir. Pois muito melhor que construir um mundo similar ao primeiro é não tirar-lhe nada, nem adicionar-lhe nada, nem mudar para melhor ou para pior o que foi criado primeiro, mas deixá-lo no estado em que foi criado no princípio. [43] E, se o segundo mundo fosse melhor, o artífice também seria melhor, de modo que, ao construir o primeiro, tanto sua arte como seu pensamento haviam de ser imperfeitos – o que não é adequado nem sequer supor, pois que Deus é igual e semelhante a si mesmo, e não admite nenhum declínio que o torne pior nem nenhum progresso que o torne melhor. É na vida dos homens que há lugar para altos e baixos desse tipo. Por natureza, eles oscilam alternadamente entre o bem e o mal, acostumados que estão a conhecer crescimentos, avanços, melhoras, bem como a todos os seus contrários. [44] Ademais, é normal que as obras dos mortais que somos sejam corruptíveis, ao passo que, como indica a boa lógica, as obras do Imortal são sem dúvida incorruptíveis: pois é lógico que as coisas criadas sejam de natureza semelhante à do artesão.

[45] De fato, está claro para todos que, se a terra se corromper, também os seres terrestres, na totalidade de suas espécies, necessariamente se destruirão; se a água se corromper, o mesmo se dará com os seres aquáticos; e, se o ar e o fogo, também os seres que vivem no ar e os que nasceram do fogo. [46] Por analogia, então, se o céu se corromper, corromper-se-ão

---

[15] Versos de autor desconhecido. (N. T.)

igualmente o sol e a lua, os outros planetas e os astros fixos, todo o exército de deuses sensíveis desde há muito tidos por bem-aventurados. Ora, se isso ocorresse, não se poderia supor senão que os deuses são passíveis de corrupção, o que é semelhante a supor que os homens também são imortais. Certamente, comparando-se essas duas hipóteses sem valor, descobre-se que a segunda é mais provável que a primeira, pois é verossímil que por uma graça de Deus um mortal tenha acesso à imortalidade; é impossível, contudo, que os deuses percam sua incorruptibilidade, o que não aconteceria nem sequer se todas as sabedorias dos homens se transformassem em loucura. [47] E justamente os que introduziram as teorias da conflagração [*ekpýrōsis*] e da recriação do mundo consideram e concluem que os astros são deuses – esses astros que eles não se enrubescem de fazer corromper-se. Eles deveriam, portanto, ou declarar que os astros são massas de metal incandescente – a exemplo de alguns desses tagarelas que falam do céu inteiro como de uma prisão – ou, considerando que são de natureza divina ou demoníaca, admitir que são dotados de incorruptibilidade, que é apanágio dos deuses. Mas falharam de tal modo em alcançar a opinião verdadeira, que em sua ignorância acabaram por implicar a ideia de corrupção na de providência – sendo ela a alma do mundo! – pelas conclusões que decorrem da inconsequência de sua filosofia.

[48] Crisipo,[16] o mais célebre destes filósofos, exibe uma opinião extraordinária em seu tratado *Sobre o Crescimento*: escreve no prefácio que "é impossível aplicar duas qualidades particulares a uma mesma substância [*ousía*]. Contemplemos um indivíduo inteiro e outro que nasceu sem um dos pés; o que tem os dois pés chama-se Díon, e o que não os tem todos se chama Téon. Suponhamos, então, que um dos pés de Díon seja amputado. Se perguntarem qual dos dois foi vítima de deterioração, seria mais adequado dizer que foi Téon". Mas isso é antes afirmação de um fazedor de paradoxos que de um amante da verdade. [49] Pois como é possível que aquele a quem pé algum foi amputado, Téon, tenha sido objeto de destruição, enquanto aquele cujo pé foi amputado, Díon, não tenha sido

---

[16] Crisipo de Tarso (280-206 a.C.) foi um dos principais representantes do estoicismo antigo, tendo escrito, segundo a tradição, cerca de 700 tratados. (N. T.)

vítima de nenhuma deterioração? Isso "é bastante apropriado", diz ele, "uma vez que Díon, cujo pé foi amputado, retrocedeu na direção da essência imperfeita de Téon. Ora, duas qualidades particulares não podem ser aplicadas ao mesmo sujeito. Logo, é necessário que Díon permaneça o que é, enquanto seja Téon o que sofreu deterioração". "Capturados não por flechas emplumadas por outros, mas por si mesmos",[17] diz o trágico. Com efeito, modelando-se o molde em que toma forma tal argumento e aplicando-o à totalidade do mundo, mostrar-se-á muito claramente que a própria providência [*prónoia*] também é corruptível. [50] Vede como: tomemos o mundo como sendo tal qual Díon, perfeito; e, por outro lado, façamos a alma do mundo ser como Téon, porque a parte é menor que o todo, e depois o que se fez ao pé de Díon faça-se também a todas as coisas do mundo que têm forma corpórea. [51] Será preciso dizer, então, que o mundo não sofreu nenhuma corrupção, ele, que foi privado de seu corpo, assim como Díon tampouco a sofreu ao ter o pé amputado, enquanto a alma do mundo, sim, sofreu corrupção, assim como Téon, que porém não foi em absoluto afetado. Pois o mundo retrocedeu a uma substância [*ousía*] menor, quando se lhe tirou tudo o que tinha forma corpórea, enquanto a alma, por seu lado, sofreu corrupção, porque duas qualidades particulares não podem aplicar-se a um mesmo sujeito. Ora, é ilícito dizer que a providência [*prónoia*] sofre corrupção. Mas, sendo ela incorruptível, é necessário que também o mundo seja incorruptível.

[52] O tempo, por sua vez, propicia uma prova importante em favor da eternidade do mundo, porque, se o tempo é incriado, é necessário que o mundo também o seja. Por quê? Porque, como diz o grande Platão, são os dias e as noites, os meses e as revoluções dos anos o que dá a noção de tempo. Ora, é impossível que eles subsistam sem o movimento do sol e a revolução de todo o céu ao redor dele, de modo que os que estão acostumados a definir os fenômenos explicaram com precisão que o tempo é o intervalo [*diástēma*] do movimento [*kínēsis*] do mundo.[18] Como esse raciocínio é certo, segue-se que o mundo tem de ser coetâneo do tempo e causa sua. [53]

---

[17] Ésquilo, *Mirmídones*, frag. 139, 4. (N. T.)

[18] Ou seja, o lapso de tempo em que se dá este movimento, sua duração. (N. C.)

E é um completo absurdo supor que o mundo existia em certo momento, quando o tempo ainda não existia: a natureza do tempo não tem começo nem fim, e as próprias expressões "existia", "em certo momento" e "quando" já indicam, por si mesmas, a noção de tempo. Segue-se, assim, que tampouco o tempo poderia subsistir por si mesmo quando o mundo não existia, pois o que não existe tampouco pode ter movimento.

Mas mostramos que o tempo é o intervalo do movimento cósmico. Ora, é necessário que tanto o tempo como o mundo existam desde toda a eternidade, sem ter tido começo na criação; e as coisas eternas não admitem corrupção. [54] Algum estoico hábil em construir argumentos poderá dizer, talvez, que o tempo é apresentado como intervalo do movimento do mundo não só em relação ao mundo que agora se encontra ordenado, mas também àquele suposto no caso da conflagração [*ekpýrōsis*]. Havemos de responder-lhe: Meu caro amigo, alterando o valor das palavras, chamas à ordem universal desordem. Pois se isto que vemos se chama – no sentido correto do termo e de modo apropriado – *kósmos* [mundo, ordem], como algo ordenado e adornado pela perfeição de uma arte que dispensa retoques, então sua transformação em fogo deveria merecidamente chamar-se *akosmía* ["desmundo", desordem].

[55] Critolau,[19] um devoto das Musas e amante da filosofia peripatética, concordando com a doutrina da eternidade do mundo, usou de provas do seguinte gênero: Se o mundo foi criado, então a terra necessariamente também o foi. Se a terra é uma criatura, obrigatoriamente também o é a raça dos homens. Ora, o homem é incriado, pois pertence a uma raça eterna, como se demonstrará. Logo, o mundo também é eterno. [56] Mas há que provar o dito mais acima, se é que coisas assim tão evidentes precisam de demonstração. E aparentemente precisam, por causa dos inventores de mitos, que encheram a vida de falsidades e deportaram a verdade para um exílio distante, violentando não só cidades e casas, mas também cada indivíduo, para privá-lo de seu mais precioso bem; e, querendo atrair os homens a uma armadilha, inventaram metros e ritmos como isca

---

[19] Critolau de Fasélis (200-118 a.C.), discípulo de Aríston de Cós. Para uns, era um peripatético estrito; para outros, um peripatético heterodoxo (N. T.)

sedutora da expressão. Com eles, encantam os ouvidos dos tolos, assim como heteras feias e repugnantes encantam os olhos com joias e falsos adornos, elas, que são desprovidas de verdade. [57] Eles dizem, com efeito, que a obra mais recente da natureza é a geração sucessiva dos homens e que a criação da terra é a mais primordial e mais antiga, dado ser ela a mãe de todos os seres e ser assim considerada. Dizem ainda que aqueles a que os gregos em seus poemas chamam espartos nasceram, qual hoje as árvores, como filhos da terra, perfeitos e armados. [58] Que isso seja uma ficção do mito é fácil notar, por uma série de razões. Por exemplo, os que foram criados primeiro deveriam crescer segundo medidas definidas e segundo o número de revoluções, porque a natureza produziu as idades como degraus pelos quais o homem, de algum modo, sobe e desce – sobe ao crescer e desce ao definhar. O ponto mais alto dos degraus superiores é o auge; para além dele ninguém consegue avançar, por mais que tente. Mas, assim como os corredores do *díaulos*[20] vão e voltam pelo mesmo caminho, tudo quanto o homem recebeu da vigorosa juventude se torna fraco na velhice. [59] Considerar que alguns foram criados perfeitos desde o princípio é próprio de quem ignora as leis da natureza, regras imutáveis. Nossa mente, a cuja lassidão se acrescentou a iniquidade do elemento mortal a que fomos vinculados, pode perfeitamente aceitar mudanças e transformações. Por outro lado, são imutáveis as coisas que dizem respeito à natureza do universo, dado que ela domina tudo e mantém imóveis os limites fixados desde o princípio por causa da imperturbabilidade das determinações que ela um dia impôs. [60] Portanto, se ela porventura tivesse considerado adequado dar à luz entes perfeitos, ainda hoje os homens teriam de nascer adultos perfeitos, sem precisar ser antes bebês, crianças e adolescentes; tornar-se-iam homens de uma só vez, ficando igual e definitivamente imunes à velhice e à morte, pois o que não está sujeito a crescimento tampouco está sujeito a declínio. Com efeito, enquanto as mudanças até à flor da idade do homem se dão por crescimento, as

---

[20] O *díaulos* era uma das modalidades dos Jogos Olímpicos. Consistia numa corrida em que os participantes faziam um trajeto duplo, de ida e de volta, num total de 2 estádios (cerca de 384 metros). (N. T.)

mudanças processadas entre a flor da idade e a velhice e a morte dão-se por declínio. E é razoável pensar que, se não tem nada em comum com os primeiros, tampouco o terá com os segundos.

[61] Que obstáculo haveria agora para que os homens brotem como dizem que brotaram outrora? A terra envelheceu tanto, que nos parece estéril em razão do tempo decorrido? Ela, ao contrário, permanece em estado semelhante ao anterior, sempre jovem, porque é o quarto elemento do universo; e, para a conservação do universo, ela não deve alterar-se, pois que os elementos irmãos – a água, o ar e o fogo – se mantêm imunes ao envelhecimento. [62] O crescimento das plantas é uma prova clara do vigor contínuo e eterno da terra. Purificada pelas inundações de rios – como se diz que ocorreu no Egito – ou pelas chuvas sazonais, ela descansa e relaxa. Então, depois de repousar, vai reconquistando sua capacidade peculiar até recobrar todo o seu vigor, e começa a fazer nascer coisas semelhantes às que antes produzia, fornecendo alimento em abundância a todas as espécies de viventes.

[63] Desse modo, parece-me que não erram os poetas ao chamar à terra Pandora, já que ela fornece tudo o que é útil e serve de deleite não apenas a alguns, mas a todos quantos participam da vida. Sem dúvida, se no auge da primavera alguém pudesse ter asas e levantasse voo, poderia ver do alto a montanha e a planície: a planície, rica em pasto e capim, em ervas e forragem, em cevada e em trigo, em ervilha e em frumento e em milhares de outras espécies cultivadas que os agricultores semeiam e que a estação do ano fornece por conta própria; a montanha, sombreada pelas ramagens e folhagens que adornam as árvores, rica em copiosos frutos (não só os que são para comer, mas também os que servem para aliviar os sofrimentos, pois, enquanto o fruto da oliveira remedeia o cansaço físico, o da vinha, quando bebido com moderação, detém as grandes dores da alma), [64] e rica ainda em brisas que tomam emprestada das flores sua fragrância, numa incontável variedade de cores cuja diversidade se deve a uma arte divina. Se, então, esse alguém tirasse os olhos das coisas cultivadas e mirasse os álamos negros, os cedros, os pinheiros, os abetos, os imensos carvalhos, e as outras florestas densas e profundas de árvores selvagens – a cuja sombra jaz o maior número das maiores montanhas e a maior parte da região de

solo profundo que a circunda –, conheceria o vigor sempre jovem, incessante e infatigável da terra. [65] De modo que, se a terra, cuja antiga força não se reduziu, pode agora gerar homens como outrora, é por duas razões muitíssimo necessárias: em primeiro lugar, para não abandonar uma função que lhe correspondia, e principalmente quando se trata da semente e da geração da mais excelente, da senhora de todas as criaturas, o homem; em segundo lugar, para dar alívio às fêmeas, que, depois de conceber, ficam cerca de dez meses oprimidas pelas mais severas dores e, quando estão prestes a dar à luz, frequentemente morrem em pleno trabalho de parto.

[66] E não é uma completa e terrível ingenuidade supor que a terra leva em seu seio uma matriz cujo fim é acolher a semente dos homens? Pois a matriz é o lugar que engendra a vida; como alguém disse, é a "oficina da natureza", o único lugar em que se formam os viventes. Ele não é, contudo, parte da terra, mas parte de um vivente do sexo feminino, produzido para engendrar. Sim, porque seria preciso dizer que, como a fêmea, também a terra teria seios no momento de gerar os homens, produzindo assim o alimento conveniente para eles. Mas não há rio nem fonte em todo o mundo habitável que se diga produzam leite em vez de água. [67] Além disso, assim como é preciso amamentar uma criança recém-nascida, assim também é preciso cobri-la de roupas em razão do mal que o frio e o calor fazem aos corpos, e é por isso que as amas e as mães, às quais cabe necessariamente o cuidado dos recém-nascidos, envolvem os bebês em mantas. Como pois os nascidos da terra, deixados nus, poderiam escapar à imediata aniquilação pelo ar frio ou pelo calor do sol? Sim, porque os golpes de frio ou de calor provocam doenças e corrupções. [68] Mas, como os inventores de mitos tinham começado já a negligenciar a verdade, acabaram por conceber a ideia monstruosa de que os espartos nasceram armados. Que ferreiro ou êmulo de Hefesto, em toda a terra, seria capaz de fornecer-lhes imediatamente uma panóplia? E que familiaridade teriam os primeiros homens com os armamentos? Pois o homem é o mais manso dos viventes, e a natureza o obsequiou com o privilégio da razão, com a qual ele doma e suaviza as paixões selvagens. Seria muito melhor dar-lhes, em vez de armas, algo de natureza racional, como o cetro do arauto, símbolo dos acordos e das tréguas, de modo que se pudesse proclamar a todos

os homens, em todas as partes, a paz e não a guerra. [69] Isso é o bastante para refutar os contrassensos dos que erguem uma muralha de falsidades contra a verdade. Mas é preciso saber bem que, desde sempre e geração após geração, homens nascem de homens: o homem planta sementes no ventre, como no solo; a mulher recebe as sementes e mantém-nas seguras; a natureza, por sua vez, molda de maneira invisível cada uma das partes do corpo e da alma e dá à raça humana inteira o que nenhum de nós é capaz de receber em particular: a imortalidade. Pois ela permanece por todo o sempre – obra verdadeiramente portentosa e divina –, ao passo que os indivíduos que fazem parte das espécies desaparecem. Portanto, se é eterno o homem, humilde porção do todo, o mundo, ao que tudo indica, também é incriado [*agénētos*] e, portanto, incorruptível [*áphthartos*].

[70] Em sua controvérsia, Critolau também fazia uso deste argumento: o que por si mesmo é causa de saúde é isento de doenças; o que por si mesmo é causa de insônia é isento de sono; e, se assim é, também o que por si mesmo é causa de existência é eterno. Ora, o mundo é por si mesmo causa de existência, uma vez que é causa de todas as outras coisas; logo, o mundo é eterno.

[71] No entanto, é preciso examinar ainda o seguinte: todo e qualquer ente criado deve a princípio ser em tudo imperfeito, mas, à medida que o tempo avança, deve crescer até alcançar a perfeição total, de modo que, se foi criado, o mundo foi em certo momento – para usar o nome das idades da vida – uma completa criança [*népios*] que, avançando com as revoluções dos anos e a extensão dos tempos, chegou tarde e com dificuldade à perfeição. Pois a flor da idade dos seres de vida mais longa chega necessariamente tarde. [72] Se alguém considera que o mundo um dia conheceu tais mudanças, é porque foi dominado por uma loucura incurável – que o saiba bem! É evidente, neste caso, não só que o que tem natureza corpórea crescerá, mas também que o intelecto fará progressos, uma vez que até os próprios partidários de sua corrupção o supõem dotado de razão. [73] À semelhança do homem, ele teria sem dúvida de ser desprovido de razão [*álogos*] no princípio de sua criação, mas seria dotado de razão na flor da idade, o que é algo ímpio não só de dizer, mas também de pensar. Pois como poderíamos supor que o períbolo perfeitíssimo que envolve as coisas

visíveis e contém os entes – cada qual na parte que lhe foi atribuída – não é sempre perfeito no concernente ao corpo e à alma, e que tem participação nos infortúnios que subjugam tudo quanto é criado e corruptível?

[74] Ademais, diz ele que, além das causas externas, há três outras causas que levam os viventes a seu termo: a doença, a velhice e a escassez. Ora, o mundo não está sujeito a nenhuma delas, por ser formado pela coesão da totalidade dos elementos, de modo que não há fora dele nenhuma parte livre que lhe faça violência. Ele domina todas as potências, que são causas de enfraquecimento, e, por elas cederem a seu poder, ele mantém-se livre da doença e da velhice. E é perfeitamente autossuficiente: não tem necessidade de absolutamente nada, por não faltar-lhe nenhum elemento que lhe assegure a permanência, e é totalmente livre de qualquer sucessão alternada de plenitude e de vacuidade, à qual os animais estão sujeitos por causa de sua grosseira insaciabilidade, adicta antes à morte que à vida – ou, falando com maior precisão, adicta a uma vida ainda mais deplorável que qualquer destruição.

[75] Além disso, se nenhuma natureza eterna [*aídios*] fosse visível, os partidários da corrupção do mundo pareceriam ter um bom pretexto para fazer seus maus juízos, pois não teriam nenhum paradigma de eternidade.[21] Mas, uma vez que o destino, segundo os mais valorosos filósofos da natureza, não tem começo nem fim, e encadeia as causas de todas as coisas sem interrupção nem lacuna, como alguém poderia deixar de dizer que também a natureza do mundo é indefinidamente longeva, ela, que é a própria ordem das coisas desordenadas, a harmonia das desarmônicas, a concordância das discordantes, a união das desunidas, a condição permanente das madeiras e das pedras, a natureza das sementes e das árvores, a alma de todos os viventes, o intelecto [*noûs*] e a razão [*lógos*] dos homens, a virtude perfeitíssima dos bons? Se a natureza do mundo é incriada e incorruptível, é evidente que o mundo também haverá de sê-lo, pois o elo que os mantém juntos e os controla é perpétuo [*aiônios*].

---

[21] O texto está bastante corrompido neste ponto, e as sugestões dos diversos editores são variadíssimas. Optamos pela lição da edição de R. Arnaldez e J. Pouilloux (Paris, Éditions du Cerf, 1969). (N. T.)

[76] Vencidos, porém, pela verdade e pelos argumentos dos de opinião contrária, alguns mudaram de posição. É que a beleza possui força de atração e a verdade é divinamente bela, enquanto a mentira é extraordinariamente feia. Assim, Boécio de Sídon[22] e Panécio,[23] homens fortemente influenciados pelas doutrinas estoicas, como que por inspiração divina abandonaram as conflagrações e palingenesias e passaram para o lado da doutrina mais pia, a da incorruptibilidade do mundo como um todo. [77] E diz-se também que Diógenes,[24] que quando jovem subscrevera a doutrina da conflagração, depois começou a duvidar dela, e suspendeu o juízo. Pois não é próprio da juventude, mas da velhice, discernir as coisas que merecem ser reverenciadas e por que se deve lutar, principalmente as que não são determinadas pela sensação irracional e ilusória, mas pelo mais puro e não misturado intelecto [*noûs*]. [78] Mas Boécio e seus seguidores apresentaram argumentos mais plausíveis, que agora exporemos. Se – dizem eles – o mundo é criado e corruptível, então algo foi produzido do não ser, o que parece ser o maior dos absurdos até para os próprios estoicos. Por quê? Porque não é possível encontrar nenhuma causa de destruição, quer interna, quer externa, capaz de destruir o mundo. No exterior não há nada além – talvez – do vazio [*kenós*], uma vez que todos os elementos foram selecionados para o interior do mundo. No interior não há nenhuma doença tão grave que possa ser causa de dissociação de tamanha divindade. E, se não há causas que o corrompam, é evidente que o surgimento da corrupção terá de vir do não ser, algo que a inteligência [*diánoia*] tampouco pode admitir.

---

[22] Boécio de Sídon (séc. II a.C.), filósofo estoico, discípulo de Diógenes de Babilônia. Negava a conflagração do mundo, defendida pela maioria dos estoicos, e defendia a eternidade do mundo. (N. T.)

[23] Panécio de Rodes (185-109 a.C.), filósofo do chamado estoicismo médio, discípulo de Crates de Malo, Diógenes de Babilônia e Antípatro de Tarso. Era também crítico da doutrina da conflagração e julgava a doutrina da eternidade do mundo mais razoável que aquela. (N. T.)

[24] Diógenes de Babilônia (230-140 a.C.), filósofo estoico, discípulo de Crisipo. Sucedeu a Zenão de Tarso no Pórtico. (N. T.)

[79] Eles também dizem que há três classes principais de corrupção: a que procede por dissociação [*diaíresis*], a que procede por supressão [*anaíresis*] da qualidade predominante e a que procede por confusão [*sýnkhysis*]. Assim, as coisas compostas de indivíduos separados, como o rebanho de cabras e o de bois, os coros, os exércitos, e os corpos compostos de elementos combinados e aglomerados são dissociados por separação e por divisão. Mas a cera, ao ter sua forma modificada ou ao ser alisada para não apresentar sequer os traços de uma nova figura, é corrompida pela supressão de sua qualidade predominante. E, no caso do *tetraphármakos*[25] dos médicos, a corrupção dá-se por confusão, pois as potências dos quatro elementos, quando unidas, desaparecem, fazendo surgir uma única, singular e perfeita substância [*ousía*]. [80] Desses processos, qual poderíamos dizer suficiente para corromper o mundo? O que atua por dissociação? Mas o mundo não é um composto de elementos separados cujas partes possam ser dispersas; tampouco é um composto de elementos aglomerados que possam ser dissociados; tampouco é constituído unitariamente como nosso corpo, pois este, por si mesmo, é perecível e afetado por uma infinidade de elementos que lhe causam dano, enquanto a potência do mundo é imbatível: por sua enorme superioridade com relação às demais coisas, ele prevalece sobre tudo quanto há. [81] Seria corrompido, então, por supressão total da qualidade? Mas também isto é uma impossibilidade, pois, segundo os que sustentam a opinião contrária, a qualidade da ordenação permanece durante a conflagração, conquanto contraída numa substância [*ousía*] menor, a de Zeus. [82] Seria então por confusão? Fora com essa ideia! Sim, porque neste caso seria preciso admitir, novamente, que a corrupção conduz ao não ser. Por quê? Porque, se cada um dos elementos fosse corrompido à parte, poderia admitir-se uma mudança que os transformasse em outra coisa, mas, se a totalidade dos elementos fosse destruída, em conjunto, por confusão, então seríamos obrigados a supor o impossível.

[83] Ademais, eles dizem também que, se todas as coisas sofressem a conflagração geral, o que faria Deus durante esse tempo? Ou não faria absolutamente nada? Isto não é de modo algum razoável. Com efeito,

---

[25] Droga composta de quatro elementos: cera, sebo, pez e resina. (N. T.)

Ele observa e guarda cada coisa como um legítimo pai; e, para dizer verdade, Ele é uma espécie de auriga ou timoneiro que conduz ou pilota todas as coisas, dando assistência ao sol, à lua, aos astros móveis e aos fixos, e ainda ao ar e às demais partes do mundo, concorrendo para tudo quanto assegura a permanência do todo, para a administração irrepreensível e conforme a reta razão. [84] Se porém tudo for destruído, com uma indolência e uma inércia terríveis, sujeitar-se-á Ele a uma vida invivível. O que poderia ser mais absurdo? Hesito em dizer aquilo que não é permitido pensar: a morte acompanhará a Deus se se der tal quietude. Pois, se se suprime da alma o movimento perpétuo, também se suprime, completamente, a alma mesma. Ora, de acordo com os contraditores, Deus é a alma do mundo.

[85] E não é destituído de interesse perguntar-se de que maneira se daria tal palingenesia, depois de tudo se ter reduzido a fogo. Sim, porque, quando a substância [*ousía*] é inteiramente consumida pelo fogo, o próprio fogo necessariamente extingue-se, por carência de alimento. Portanto, se o fogo permanece, conserva-se a razão seminal [*lógos spermatikós*] da ordenação; mas, se ele desaparece, ela desaparece com ele. É ilícito, e um ato duplamente ímpio, não só afirmar categoricamente a corruptibilidade do mundo, mas suprimir a palingenesia, como se Deus se comprouvesse na desordem, na inércia e em todos os desacertos. [86] Mas é preciso examinar a questão com mais rigor, da maneira seguinte. Há três espécies de fogo: o carvão, a chama e o clarão. O carvão é o fogo em sua substância [*ousía*] terrosa, o qual, à maneira de um hábito [*héxis*] pneumático, fica abrigado e emboscado, estendendo-se através de todo o corpo até as extremidades; a chama é o que se eleva ao ser alimentado; e o clarão, que é emitido da chama, o que coopera com os olhos na percepção das coisas visíveis. A chama ocupa um lugar intermediário entre o clarão e o carvão. Ao extinguir-se, termina em carvão; ao avivar-se, possui a luz que ilumina, apesar de privada da potência de combustão. [87] Por conseguinte, se afirmamos que o mundo se decompõe no curso da conflagração, não poderia haver carvão, em primeiro lugar porque a totalidade das partes terrosas, na qual o fogo está compreendido, seria deixada para trás, e em segundo lugar porque é provável que nenhum dos demais corpos subsistisse, senão que a terra, a água e o ar se dissolveriam em fogo livre de qualquer mistura.

[88] Tampouco poderia haver chama, pois há um elo entre ela e o que a alimenta; e, se absolutamente nada fosse deixado para trás, por carecer de combustível ela seria imediatamente extinta. Segue-se daí que tampouco o clarão poderia dar-se, porque não tem existência substancial por si mesmo, mas decorre dos primeiros, carvão e chama – menos do primeiro, mais da chama, porque esta se propaga para mais longe. Como foi demonstrado, estes não poderiam dar-se durante a conflagração; o clarão tampouco. Pois o intenso e profundo clarão do dia, quando o sol segue seu curso em direção à terra, desaparece assim que chega a noite, especialmente quando não há lua. Logo, o mundo não é destruído por conflagração, mas é incorruptível. E, se vier a sofrê-la, nenhum outro poderá produzir-se.

[89] Por isso, alguns estoicos de olhar mais agudo, vendo de longe o argumento lançado contra eles, entraram a fornecer socorro à doutrina central, que, por assim dizer, estava em perigo de morte. Mas tal não lhes era de utilidade alguma, pois que, como o fogo é causa de movimento e o movimento é o princípio da geração, é impossível que qualquer coisa se gere sem movimento. Eles disseram, então, que depois da conflagração, no momento em que o novo mundo está para ser criado, não se extingue a totalidade do fogo, mas subsiste certa quantidade dele. Com efeito, eles mostraram-se muito atinados: se o fogo fosse extinto de uma só vez, em consequência tudo permaneceria em repouso e privado de ordenação, uma vez que a causa do movimento já não poderia existir. [90] Mas essas são ficções de inventores de argumentos engenhosos, de gente que emprega todos os seus artifícios contra a verdade. Por quê, então? Porque, como já se demonstrou, é impossível que depois da conflagração o mundo se torne semelhante ao carbono, uma vez que se deixou intacta grande quantidade de substância [*ousía*] terrosa em que o fogo necessitaria ficar emboscado, e porque a conflagração, naquele momento, talvez não possa apoderar-se de tudo, uma vez que subsiste o elemento mais pesado e mais difícil de aniquilar, a terra, que não se terá destruído: é necessário que ela se transforme ou em chama ou em clarão. Em chama, como pensava Cleanto; em clarão, como pensava Crisipo. [91] Ora, se se torna chama, quando estiver para extinguir-se não se extinguirá parcialmente, mas de uma só vez e completamente, pois é concomitante com o que a alimenta.

É por isso que, quando este elemento é abundante, ela aumenta e se espalha, mas, quando é restrito, ela diminui. E encontrar-se-ia uma prova disso no que se passa perto de nós. Uma lâmpada, enquanto a enchem de azeite, dá uma chama muitíssimo brilhante. Quando deixam de fazê-lo, porém, consumido todo o alimento que lhe restava, ela logo se apaga, sem que se tenha reservado nenhuma porção de chama. [92] Caso contrário, ou seja, se o mundo não se muda em chama, mas em clarão, haverá de transformar-se todo de uma só vez. Por quê? Porque o clarão não tem natureza substancial, mas é gerado pela chama, de modo que, quando ela é levada à completa extinção de todas as suas partes, é necessário que também o clarão cesse não por partes, mas de uma só vez. Pois o clarão está para a chama assim como a chama está para seu alimento. Desse modo, assim como a chama desaparece com seu alimento, assim também o clarão desaparece com a chama. [93] Por essa razão, é impossível admitir que o mundo conheça uma palingenesia, uma vez que nele nenhuma razão seminal entra em combustão, mas todas as coisas são consumidas: as restantes pelo fogo; o próprio fogo por falta de combustível. Donde resulta, evidentemente, que o mundo é incriado e incorruptível.

[94] Portanto, supõe tu – como diz Crisipo – que o fogo, tendo reduzido a ordenação do mundo ao estado elementar, seja a semente do mundo que se está por rematar. Supõe que não haja nenhuma mentira nas afirmações deste filósofo a respeito deste assunto: primeiramente, a de que a geração vem da semente, e a dissolução resultou na semente; depois, a de que a racionalidade do mundo repousa precisamente em princípios naturais e no fato de sua natureza ser racional [*logikê*], não apenas porque o mundo é dotado de alma, mas também porque é dotado de intelecto e, mais ainda, de prudência [*phrónēsis*]. Com isso, ele estabelece a proposição contrária à desejada, a saber, que o mundo jamais será destruído. [95] As provas estão ao alcance dos que não se recusam a tomar parte na investigação. Assim, o mundo parece ser ou uma planta ou um animal. Mas, se fosse ou uma planta ou um animal, uma vez destruído pela conflagração, jamais poderia ser a semente da geração dele mesmo. Testemunham-no as coisas ao nosso redor: não há ser, pequeno ou grande, que, uma vez destruído, seja capaz de produzir uma

semente. **[96]** Não vês de quanta matéria são feitas as plantas cultivadas e as plantas selvagens espalhadas por todas as partes da terra? Todas essas árvores, enquanto conservam o tronco saudável, geram a semente junto com as frutas; com o passar do tempo, porém, elas ressecam-se e, por fim, corrompem-se até as raízes. Sua dissolução, todavia, não leva de modo algum a uma semente. **[97]** Do mesmo modo, as espécies dos animais – as quais por sua grande quantidade não são fáceis de nomear –, enquanto subsistem e estão em pleno vigor, também deixam uma semente gerativa, mas ao morrerem não geram nenhuma semente de modo algum. Pois seria absurdo que o homem só fizesse uso, em vida, da oitava parte de sua alma – chamada geratriz [*gónimos*] – visando a fornecer a semente de um ser semelhante a ele, mas depois de morto fizesse uso da totalidade de seu ser; pois de modo algum a morte é mais produtiva que a vida. **[98]** Além disso, não há um só ser que atinja a perfeição apenas a partir da semente, sem um nutriente que lhe seja adequado. Pois a semente é semelhante ao começo, e o começo por si mesmo não gera seres perfeitos. E tampouco creias que a espiga brota apenas do grão de trigo lançado à terra arável pelo agricultor. Na verdade, o que mais contribui para seu crescimento é o duplo alimento que vem da terra – o úmido e o seco. E aos embriões formados na matriz a natureza não lhes permite tornar-se viventes unicamente a partir da semente; ela exige também um alimento nutritivo vindo de fora, que é portado pela gestante. **[99]** Por que digo isso? Porque durante a conflagração somente a semente subsistiria, sem que existisse nenhum alimento, uma vez que tudo o que pudesse servir de alimento seria convertido em fogo; e, em razão disso, o mundo que se haveria de constituir por palingenesia não poderia ter senão uma gênese falha e imperfeita, pois o que mais contribui para o desenvolvimento – no qual se apoia o princípio seminal, como num bastão – estaria destruído. Mas tal seria absurdo, como mostra a própria evidência. **[100]** Ademais, tudo o que deve sua gênese a uma semente é de volume maior que aquilo de que foi criado e ocupa espaço maior no campo de visão. Assim, é muito frequente que árvores se elevem até ao céu brotadas do mais insignificante grãozinho, e que os animais mais altos e corpulentos saiam de um pouco de líquido expelido. Mas ocorre também o que se disse há pouco: no tempo próximo do nascimento, os entes gerados são miúdos, mas depois crescem até atingir seu completo desenvolvimento.

[101] Mas no caso do universo sucederia tudo ao contrário. A semente seria maior e ocuparia um espaço maior, ao passo que seu produto final pareceria ser menor e ocupar um espaço menor; e o mundo, formado a partir de uma semente, não avançaria aos poucos em seu crescimento, mas, na direção contrária, diminuiria, passando de grande volume a menor. [102] É fácil perceber o que foi dito: todos os corpos dissolvidos em fogo se dissolvem e se disseminam; mas, extinta neles a chama, compactam-se e contraem-se. Fenômenos de tal modo evidentes não têm necessidade alguma de comprovação, como o têm as coisas obscuras. Ademais, se conflagrado, o mundo tornar-se-ia maior, pois que toda a sua substância [*ousía*] se dissolveria em finíssimo éter. Parece-me que os estoicos previram isso ao admitir em seus argumentos a existência de um vazio infinito ao redor do mundo, a ponto de não levarem em consideração que haveria de suceder uma expansão do espaço, porque o mundo estaria prestes a receber uma difusão infinita. [103] Assim, quando crescido e aumentado a ponto de tornar-se quase coincidente com a natureza ilimitada do vazio – pela infinita grandeza da propagação –, ele guarda ainda tal razão da semente. Quando todavia se produz em dimensão menor na palingenesia, guarda a razão da substância [*ousía*] inteira,[26] e o fogo compacta-se durante sua extinção num ar pesado, o ar compacta-se e reduz-se a água, e a água torna-se ainda mais pesada ao transformar-se em terra, o mais compacto dos elementos. Mas tudo isso está além das noções ordinárias dos homens capazes de levar em consideração a sucessão dos fenômenos.

[104] Além do que foi dito, ainda se poderia usar como prova o seguinte argumento, que atrairá até os mesmos que escolhem não ir além da medida na controvérsia: nos pares de contrários, é impossível que um deles exista e o outro não. De fato, existindo o branco, necessariamente existirá o negro; existindo o grande, necessariamente existirá o pequeno; e o mesmo se passa com o par e o ímpar, o doce e o amargo, o dia e a noite e com

---

[26] Para preencher a lacuna que ocorre nesse ponto do texto, optamos pela correção de F. Cumont (*De Aeternitate Mundi*. Berlim, 1891). (N. T.)

todos os pares de natureza semelhante. Mas no caso de uma conflagração ocorreria algo impossível, pois um dos integrantes do par existiria, ao passo que o outro não. [105] Pois bem, contemplemos esta questão. Se tudo se dissolvesse em fogo, haveria algo leve, escasso e quente – pois isso é próprio do fogo –, mas não haveria nada pesado, denso e frio, as qualidades contrárias às primeiramente mencionadas. Ora, haveria um modo melhor de pôr a descoberto a desordem [*akosmía*] implicada na conflagração do que mostrar a disjunção de termos que por natureza deveriam coexistir num par? A disjunção seria tão grande, que seria preciso admitir, por um lado, a eternidade [*aidiótēs*] do primeiro e, por outro, a inexistência do outro.

[106] Além disso, não me parece descabido dizer o seguinte aos que andam em busca da verdade: se o mundo se corrompe, haverá de ser ou por obra de Deus ou por alguma outra causa. Mas não há absolutamente nada externo a ele de que possa advir a dissolução [*diálysis*], pois não há nada que o mundo não abarque. E o abarcado e senhoreado é, sem dúvida, mais fraco que o abarcador e senhor. Por outro lado, dizer que a corrupção se deve a Deus é o que há de mais ímpio, pois Deus não é causa da desorganização [*ataxía*], da desordem [*akosmía*] ou da corrupção [*phthorá*], mas da organização, da boa ordem, da vida e de todas as virtudes, coisa com que concordam os que pensam conforme a verdade.

[107] Mas alguém poderia admirar-se dos que não param de falar de conflagrações e palingenesias, não só por causa dos argumentos já mencionadas – pelos quais foram convencidos a permanecer em suas falsas opiniões –, mas principalmente em razão do que se segue. Quatro são os elementos de que o mundo é formado: a terra, a água, o ar e o fogo. Por que, então, justamente o fogo seria escolhido entre todos? Por que dizem que os demais elementos se dissolveriam exclusivamente em fogo? Pois alguém poderia questionar, se fosse o caso, por que não se poderiam dissolver em ar, em água ou em terra, uma vez que também nestes elementos há potências superiores. Mas ninguém disse que o mundo se volatilizaria, nem que se liquefaria, nem que se converteria em terra, de modo que também seria razoável não dizer que ele se conflagrará.

[108] Observando a equidade inerente ao mundo, é preciso até ter receio ou envergonhar-se de declarar a morte de algo tão divino. Pois há

uma reciprocidade mútua e excelente entre as quatro potências que regulam suas permutas segundo as normas da igualdade e os critérios da justiça. **[109]** Assim como as estações do ano se alternam em ciclo, uma após outra, por obra da incessante revolução dos anos, assim também os elementos do mundo, em suas permutas mútuas, passam pelo maior dos paradoxos: quando parecem morrer, na verdade prolongam sua existência por todo o sempre, imortalizando-se e alternando continuamente entre o caminho que os leva para cima e o que os leva para baixo. **[110]** O caminho ascendente parte da terra: ao fundir-se, ela transforma-se em água; a água, ao evaporar-se, muda-se em ar; e o ar, tornado rarefeito, muda-se em fogo. Já o caminho descendente parte do topo: o fogo, extinto, transforma-se em ar; o ar, comprimido, transforma-se em água; e a água, condensada, transforma-se em terra. **[111]** Heráclito estava certo ao dizer: "Para as almas, a morte é tornar-se água. Para a água, a morte é tornar-se terra".[27] De fato, tomando o sopro [*pneûma*] por alma [*psykhē*], diz ele – não sem obscuridade – que o fim do ar é a geração da água, e o fim da água é novamente a geração da terra; e chama morte não à destruição definitiva, mas ao transformar-se em outro elemento. **[112]** Essa equidade absoluta mantém-se inalterável e contínua, uma vez que não só é conveniente mas chega a ser imprescindível, pois o desigual [*ánisos*] é injusto [*ádikos*], o injusto é filho da maldade e a maldade está banida da morada da eternidade. Ora, há quem demonstre que o mundo, por sua grandeza, é algo divino e a casa dos deuses sensíveis: afirmar que ele se corrompe é obra de quem não vê o encadeamento da natureza e a sucessão de fatos nele implicada.

[113] Transbordando de engenhosidade, alguns desses homens que consideram o mundo como eterno [*aídios*] fizeram, para prová-lo, uso do argumento seguinte. Há quatro tipos principais de corrupção: a adição, a subtração, a transposição e a alteração. Por adição de uma mônada, a díada é corrompida em tríada, e já não resta a díada; por subtração de uma mônada, a tétrada é corrompida em tríada; por uma elementar transposição, a letra Z (zeta) é corrompida em H (eta), quando as hastes horizontais são reposicionadas no sentido vertical e a haste vertical que

---

[27] Heráclito, frag. 36 D. (N. T.)

as ligava é deitada no sentido horizontal para reunir as outras duas; por alteração, o vinho é transformado em vinagre. [114] Mas nenhum dos processos mencionados acima se aplica inteiramente ao mundo. Pois, de outro modo, o que se diria? Que por adição se acrescentou algo ao mundo? Mas não há nada fora do mundo, nada que não seja parte dele, que é o todo; pois que tudo está contido nele e é governado por ele. Dir-se-ia que algo lhe foi subtraído? Em primeiro lugar, o subtraído consistiria novamente num mundo, agora menor. Em segundo lugar, é impossível que um corpo seja separado do todo, daquilo a que estava por natureza unido, e venha a dispersar-se. [115] Dir-se-ia, então, que partes do mundo foram transpostas? Na verdade, elas permanecem no mesmo lugar, sem mudar de posição: jamais a terra inteira poderia ser carregada pela água, ou a água pelo ar, ou o ar pelo fogo, mas os elementos naturalmente pesados, a terra e a água, ocupariam o lugar central, a terra seria posta por baixo como suporte, à maneira de uma fundação, e a água na superfície. Já o ar e o fogo, naturalmente leves, ocupariam as posições mais elevadas, mas não as mesmas, pois o ar é o veículo do fogo, e o que é veiculado tem de estar, necessariamente, sobre aquilo que o veicula. [116] Tampouco se haverá de considerar que o mundo se corrompe por alteração, pois a mudança entre os elementos é de forças equivalentes, e o equilíbrio de forças é causa de uma estabilidade sem inclinação e de uma durabilidade sem agitação, uma vez que os elementos não buscam levar vantagem uns sobre os outros, nem estão sujeitos a nada que busque levar vantagem sobre eles. Desse modo, a troca e a reciprocidade dos poderes, igualados pelas regras da proporção, o Artífice fê-las com saúde e segurança infinitas. Donde se extrai a prova de que o mundo é eterno [*aídios*].

[117] Teofrasto, por sua vez, diz que os que afirmam a criação e a corrupção do mundo são levados ao erro por quatro motivos principais: a irregularidade da terra, o retrocesso do mar, a dissolução de cada uma das partes do universo, e a corrupção dos animais terrestres, uma espécie após outra. [118] E diz que eles constroem o primeiro argumento da seguinte forma: se a terra não tivesse um princípio de criação, então nenhuma parte dela ficaria acima das outras, mas todas as montanhas seriam doravante baixas e todas as colinas estariam no mesmo nível das planícies. Pois,

como sempre caem tempestades todo ano, seria natural que, entre as partes elevadas ao alto, umas fossem desgastadas pelas torrentes e as outras, afundando, baixassem; e que todas em todos os lugares fossem aplanadas. [119] Mas agora as sucessivas irregularidades do terreno e as extremidades das numerosas montanhas que se dirigem ao elevado éter são indicações de que a terra não é eterna. Como eu já disse, mais uma vez a terra inteira – de uma ponta à outra – se tornaria um caminho por ação das chuvas que caem em tempo ilimitado, pois que é da natureza da água – principalmente quando cai dos mais altos cumes – arrancar com violência e, em incessante gotejar, escavar e arar a terra dura e pedregosa, num trabalho não inferior ao dos mineiros.

[120] Dizem ainda que o mar teria ficado menor. E testemunhas desse fato seriam Rodes e Delos, as mais célebres ilhas. Antigamente elas eram invisíveis, por estarem submersas e cobertas pelo mar. Depois, porém, com o mar retrocedendo lentamente, foram mostrando-se pouco a pouco, até aparecerem, como contam as narrativas que tratam do assunto. [121] Com efeito, a Delos também a chamam Anafe, confirmando o que foi dito destes dois nomes: ao lhe darem à luz [*anaphaineîsa*], ela, que antes estivera invisível e incógnita, fez-se visível [*dêlê*]. Também diz Píndaro a respeito de Delos:

> Salve, obra dos deuses, mais caro
> rebento de Leto de chispantes cachos!
> Salve, filha do mar, prodígio imóvel
> da ampla terra!
> Os mortais podem chamar-te Delos,
> mas no Olimpo os bem-aventurados
> chamam-te longiluzente estrela
> da ciana terra.[28]

Ele chamou a Delos "filha do mar" numa obscura alusão à ideia de que falei. [122] Diz-se ademais que, nos vastos mares, os enormes e profundos golfos se secaram, tornando-se continentes, partes integrantes e não

---

[28] Píndaro, frag. 87 Bergk. (N. T.)

insignificantes das terras adjacentes, em cujo solo se semeia e planta e onde permaneceram alguns indícios de que antigamente estavam submersos: calhaus, conchas e tudo o que é comum as ondas lançarem aos areais. [123] Mas, se o mar diminui, a terra também haverá de diminuir, e, ao longo de grandes espaços de tempo, cada elemento será totalmente consumido e destruído; e todo o ar se consumirá, reduzindo-se pouco a pouco; e todas as coisas se converterão em uma só substância [*ousía*], o fogo.

[124] Eis o raciocínio que utilizaram para estabelecer o terceiro argumento: corrompe-se indubitavelmente aquilo cujas partes todas são corruptíveis; ora, todas as partes do mundo são corruptíveis; logo, o mundo é corruptível. [125] Mas agora é preciso retomar a investigação que havíamos adiado. Que parte da terra – para começar por ela – há que, pequena ou grande, não se dissolva com o tempo? Não se tornam viscosas e putrefatas até as pedras mais resistentes e, em consequência da fraqueza de sua estrutura – uma espécie de tensão pneumática, um vínculo não indissolúvel, mas apenas difícil de desfazer –, desagregando-se e tornando-se fluidas, primeiro não se dissolvem em fino pó e depois não são completamente consumidas e desintegradas? E a água, se não for agitada pelos ventos, mas deixada imóvel, não se torna porventura um cadáver sob essa quietude? Na verdade, ela transforma-se e torna-se muito malcheirosa, como um animal privado de vida. [126] Já a corrupção do ar é evidente para todos, pois é da natureza do ar adoecer, corromper-se e, de certo modo, morrer. Pois, alguém que não se vise apenas à formosura das palavras, mas à verdade, o que dirá que seja a peste senão a morte do ar, que difunde sua própria doença para a corrupção de tudo quanto é dotado de vida? [127] E por que se deveriam estender as considerações sobre o fogo? Sim, porque, quando já não tem alimento, ele extingue-se e torna-se por si mesmo coxo, como dizem os poetas. É por isso que o fogo não subsiste e não prospera senão na medida da conservação do combustível, e que, quando este se esgota, aquele desaparece.

[128] E dizem eles que algo semelhante acontece com as serpentes da Índia. Pois, rastejando, elas se aproximam dos maiores animais, os elefantes, para enroscar-se-lhes no dorso e no ventre, e a primeira veia que calham de encontrar, rompem-na para beber o sangue, que sugam insaciavelmente

com respiração violenta e forte ruído. Esgotados, os elefantes ainda assim resistem, mas, não vendo saída, saltam e golpeiam os próprios flancos na esperança de derrubar as serpentes. Em seguida, esvaziados de vitalidade, já não são capazes de saltar, conquanto permaneçam agitados. Pouco depois, contudo, enfraquecendo-se-lhes as pernas definitivamente devido à falta de sangue, os elefantes acabam por sucumbir. Ao caírem, os causadores de sua morte são destruídos com eles, da seguinte maneira: [129] já sem fonte de alimento, as serpentes tentam desfazer o laço que as atava aos elefantes, ansiosas por ver-se livres deles; mas, comprimidas pelo peso dos elefantes, terminam esmagadas, principalmente quando calha de o solo sob elas ser duro e pedregoso. Pois, ainda que se contorçam e busquem libertar-se por completo, estão presas sob o peso daqueles que as prensam: elas agitam-se de muitas maneiras em esforços vãos e inúteis, e definitivamente se esgotam. Como homens apedrejados até à morte ou surpreendidos pela queda repentina de uma muralha, já não são capazes de reerguer-se e morrem sufocadas. Assim, se cada parte do mundo está sujeita à corrupção, é evidente que tampouco o mundo, formado da reunião delas, será incorruptível.

[130] Ainda é preciso examinar o quarto e último argumento, desenvolvido da seguinte maneira: se o mundo fosse eterno, então também seriam eternos os animais e muito especialmente o gênero humano, na medida em que é superior aos demais. Mas aos que querem investigar as coisas da natureza parece que o gênero humano surgiu tardiamente, pois é provável – ou melhor, é imperioso – que com os homens coexistam as artes [*tékhnai*] e que estas lhes sejam coetâneas, não só porque a organização sistemática é adequada a uma natureza racional, mas também porque não há como viver sem ela. [131] Observemos, pois, as épocas em que cada qual apareceu, negligenciando as fábulas sobre os deuses que os poetas forjaram nas tragédias. Se o homem não é eterno, tampouco nenhum outro animal haverá de sê-lo; consequentemente, nenhum dos lugares que ocupam tampouco o será, nem a terra, nem a água, nem o ar. Portanto, é evidente que o mundo é corruptível.

[132] Mas é preciso opor-se a argumentos de tal modo especiosos, a fim de que os mais inexperientes não se rendam a eles nem se deixem guiar por eles. E devemos começar a refutação pelo ponto em que os sofistas

começaram seu embuste: se o mundo fosse de fato eterno, não poderia haver irregularidades sobre a terra. Por que razão, meus amigos? Outros virão dizer que a natureza das árvores não difere em nada da natureza das montanhas, mas, assim como as primeiras perdem suas folhas em certas épocas e em outras rejuvenescem – razão por que há muita verdade neste dito poético:

> As folhas, o vento lança-as ao chão, mas a floresta, viçosa,
> engendra outras, e eis que regressa a primavera[29]

–, assim também algumas partes das montanhas se rompem, enquanto outras crescem. [133] Mas, após um longo período, o crescimento das árvores torna-se notável, porque elas, possuidoras de natureza mais veloz, apresentam mais rapidamente o progresso que lhes é dado, ao passo que as montanhas apresentam um crescimento mais lento. Portanto, sucede que o crescimento destas não se torna perceptível pelos sentidos senão após muito tempo.

[134] E tais homens parecem ignorar a maneira como tais montanhas foram criadas, pois, se a soubessem, provavelmente silenciariam, envergonhados – e não há nenhuma maldade em ensiná-los corretamente. Mas não há nada de novo no que agora se vai dizer, nem são nossas estas palavras, mas antigos ditos dos sábios, que não deixaram fora de suas investigações nada do que é preciso conhecer. [135] Quando, então, o elemento ígneo encerrado na terra é lançado para o alto pela potência natural do fogo, tende a dirigir-se ao lugar que lhe é próprio e, ao receber um fôlego, conquanto débil, conduz consigo ao alto uma grande porção de substância [*ousía*] terrosa, tanta quanta lhe for possível. Mas, ao chegar à superfície externa, passa a mover-se mais lentamente. A substância terrosa, compelida a segui-lo por muito tempo, eleva-se a uma altura muito grande, contrai-se no topo e, por fim, torna-se um cume agudo que imita a forma [*skhêma*] do fogo. [136] De fato, surge então um necessário conflito entre os elementos naturalmente contrários, que se chocam: um conflito entre o mais leve e o

---

[29] Homero, *Ilíada*, VI, 147-48. (N. T.)

mais pesado, cada um dos quais buscando avançar para o lugar que lhe é próprio e lutando contra a força violenta que o constrange: o fogo, que leva consigo a terra, pela tendência desta ao declínio, é compelido a afundar; já a terra, naturalmente inclinada aos lugares mais profundos, aliviada pela tendência ascendente do fogo, eleva-se e, mantida arduamente por uma potência aliviadora ainda mais forte, lança-se ao alto na direção da sede do fogo, e ali se aglomera. [**137**] Por que, então, admirar-se de as montanhas não se destruírem por completo sob a impetuosidade das tempestades, quando a potência que as mantém unidas e pela qual se elevam se enreda tão sólida e firmemente nelas? Pois, se seu elo mantenedor se desatasse, seria natural que se desfizessem completamente e se dispersassem na água. Mas, uma vez unidas pela potência do fogo, resistem ainda mais ao ataque das tempestades. Isso é o que devemos dizer do argumento de que a irregularidade da terra é uma prova da geração e da corrupção do mundo.

[**138**] Quanto ao argumento respeitante ao retrocesso do mar, eis o que seria conveniente dizer: não mireis somente as ilhas que emergiram, nem as partes que, outrora inundadas, depois se fizeram terra firme – pois o espírito de disputa é contrário ao estudo da natureza, que leva à busca da verdade três vezes desejável –, mas ocupai-vos, ao contrário, das inúmeras porções continentais que foram tragadas pelo mar – não só as áreas costeiras, mas também as áreas mais interiores – e das porções de terra firme que, convertidas em mar, estão apinhadas de incontáveis naus. [**139**] Ignorais a celebrada história do sacratíssimo estreito da Sicília?[30] Antigamente, a Sicília estava anexada ao continente italiano, mas, agitados por ventos violentos e contrários, os grandes mares de todas as partes lançaram-se avidamente ao assalto, e a terra entre eles foi inundada e rompida. Por esse motivo, fundou-se nas cercanias uma cidade cujo nome deriva daquilo por que passou: chama-se Régio.[31] E o resultado desse acontecimento foi o contrário do que se poderia esperar, pois os mares dantes separados passaram a fluir juntos e se unificaram pela junção de suas águas; e a terra dantes unida se separou em duas porções pelo estreito que a intercepta, e

---

[30] *Cf.* Virgílio, *Eneida*, III, 419; Diodoro da Sicília, IV, 85, 3. (N. T.)

[31] Do verbo grego *rhégnumi* ("quebrar, romper, rebentar"). (N. T.)

em consequência a Sicília, que anteriormente pertencia ao continente, foi forçada a tornar-se ilha. [**140**] E há histórias de muitas outras cidades que também desapareceram, tragadas e inundadas pelo mar. Dizem que houve três no Peloponeso:

> Égira, Bura e a alta Hélice,
> esta prestes a brotar miríades de algas marinhas de suas muralhas.[32]

Outrora prósperas, foram inundadas pelo violento influxo do mar. [**141**] Já a ilha de Atlântida, maior que a Líbia e a Ásia, como diz Platão no *Timeu*, em um dia e uma noite foi inundada pelo mar em consequência de violentos tremores de terra e de enchentes; e desapareceu subitamente. Transformada em mar, não só se fez navegável, mas chegou a ser um golfo. [**142**] Assim, o retrocesso do mar, que eles demonstram ficticiamente em seus discursos, não serve para provar a corruptibilidade do mundo. Está claro que, se em alguns lugares o mar retrocede, em outros transborda. E seria mais apropriado não considerar isoladamente um desses fenômenos, mas os dois juntos, pois que, mesmo nas questões disputadas da vida corrente, um juiz observador da lei não dará a sentença antes de escutar os argumentos das duas partes presentes.

[**143**] E o terceiro argumento é autorrefutável, uma vez que a questão não se estabeleceu de maneira sã desde o começo do enunciado. Na verdade, talvez aquilo cujas partes todas são corruptíveis não seja ele mesmo corruptível, mas, no caso daquilo cujas partes todas se corrompem em conjunto e simultaneamente, tal é inevitável. Quando alguém tem a ponta do dedo cortada, não é impedido de continuar vivendo, mas, se for privado do conjunto de todas as partes e membros, morrerá instantaneamente. [**144**] Do mesmo modo, se todos os elementos – sem exceção – desaparecessem de uma só vez, então seria necessário admitir que o mundo está sujeito à corrupção. Mas, se cada um desses elementos em separado tão somente muda sua natureza em outra, antes que corromper-se, o mundo faz-se imortal, de acordo com o modo como filosofou o trágico:

---

[32] Versos de poeta desconhecido. (N. T.)

Nada do que veio a ser perece,
mas uns dos outros diferenciam-se os entes,
exibindo uma forma própria.[33]

[145] É de fato uma completa estupidez examinar o gênero humano a partir das artes [*tékhnai*]. Se alguém seguir a absurdidade de tal raciocínio, comprovará que o mundo, em verdade, é muito jovem e se solidificou ao fim de alguns milhares de anos, uma vez que aqueles homens que a tradição nos legou como inventores das ciências não remontam a épocas mais remotas que essas. [146] Mas, se é preciso falar das artes como contemporâneas do gênero humano, cabe dizer o mesmo – não sem ponderação e cuidado – com respeito à pesquisa das ciências naturais. Mas o que diz tal pesquisa? A corrupção das coisas sobre a terra – não de todas juntas, mas de grande número delas – é atribuída a duas principais causas: os indizíveis golpes do fogo e os da água. E diz-se que cada um por sua vez ataca ao fim de longos ciclos de anos. [147] Por um lado, quando se instaura uma conflagração, um fluxo de fogo etéreo verte-se do alto e espalha-se por todas as partes, estendendo-se logo por enormes regiões do mundo habitado. Por outro lado, quando ocorre um dilúvio, desaba toda a natureza chuvosa da água, não só fazendo transbordar os rios e as torrentes, mas fazendo-os ultrapassar o nível normal de suas cheias, ora rompendo as barragens com violência, ora elevando-se tão alto, que elas são cobertas de uma vez. Desse modo, ultrapassando a planície adjacente, a água primeiro se divide em grandes lagos, dado que a água costuma reunir-se nos lugares mais côncavos, e depois, continuando a fluir, inunda os istmos da terra que ainda subsistiam e separavam os lagos entre si: fá-lo até que, com a reunião de muitas águas, passe a constituir um enorme, um imenso mar. [148] Diante desses poderes que os combatiam por turnos, os habitantes de tais regiões pereceram. Os que viviam nas montanhas, nas colinas e nas regiões de água escassa foram destruídos pelo fogo, por não terem água suficiente que servisse de defesa natural contra o fogo. Já os que viviam à beira dos rios, lagos e mares foram destruídos pela própria água, pois os

---

[33] Eurípides, frag. 839, 11-14 (da tragédia *Crisipo*). (N. T.)

males normalmente tomam as áreas vizinhas primeiro, ou até se contentam em tomar apenas estas. **[149]** Foi decerto da maneira acima descrita que a maior parte da humanidade pereceu (sem contar a infinidade de outros modos menos poderosos); e necessariamente também as artes foram deixadas para trás, porque não é possível a ciência [*epistémē*] por si mesma, sem ninguém que a aplique metodicamente. Quandotodavia essas doenças gerais começam a perder impulso, quando a raça dos homens começa novamente a recuperar o vigor e a brotar daqueles que não foram destruídos pelos males que os assolaram, então as artes [*tékhnai*] também tornam a organizar-se, não da maneira como existiam antes, mas em número menor, graças à diminuição do número dos que as praticavam.

[150] O que aqui reunimos quanto à corruptibilidade do mundo, expusemo-lo segundo nossas capacidades. Quanto a nossas discordâncias relativas a cada ponto, é preciso esclarecê-las futuramente.

QUOD DEUS SIT IMMUTABILIS

DA IMUTABILIDADE DE DEUS

[1] "Depois daquilo", diz ele, "quando os anjos de Deus tiveram comércio com as filhas dos homens e com elas geraram filhos..." (Gn 6, 4). É sem dúvida conveniente investigar o que a expressão "depois daquilo" significa, pois se trata de referência [*anaphorá*] a algo dito anteriormente a fim de torná-lo mais evidente. [2] Ora, tratava-se anteriormente do sopro [*pneúma*] de Deus; e foi dito que é muito difícil ele continuar estável ao longo de toda a existência numa alma multidividida e multiforme, que suporta a pesada carga da carne. Com efeito, foi depois de tal sopro que os anjos tiveram comércio com as filhas dos homens. [3] Pois enquanto iluminarem a alma raios puros da inteligência [*phrónēsis*], por meio dos quais o sábio vê a Deus e a suas potências, nenhum dos falsos anjos poderá sequer aproximar-se da faculdade racional [*logismós*], e são todos mantidos longe dos vasos sagrados. Quando porém a luz do pensamento [*diánoia*] é eclipsada e velada, os companheiros das trevas, prosperando, unem-se às paixões débeis e efeminadas, chamadas filhas dos homens, e com elas geram filhos, não com Deus. [4] Pois as criaturas próprias de Deus são as virtudes perfeitas [*haí aretaí holóklēroi*], enquanto os parentes consanguíneos dos vis [*phaúloi*] são os vícios destoantes [*haí anármostoi kakíai*].

Mas, ó pensamento [*diánoia*] meu, se o quiseres, aprende a não procriar por ti próprio, e apreende-o com Abraão, o perfeito, que elevou a Deus o filho caro e único de sua alma, seu descendente legítimo, a imagem mais clara da sabedoria autodidata [*automathḗs sophía*], de nome Isaac, e o restituiu a Ele com ânimo perfeito, como uma necessária e conveniente oferenda de ação de graças; e, de acordo com a Lei [*nómos*] (Gn 22, 2-9), ele atou a vítima pelos pés, ou porque, tendo conhecido uma vez a inspiração divina, já não julgasse digno que se pusessem os pés em nada mortal, ou porque já notasse a inconstância e instabilidade da criação desde que tomara conhecimento da estabilidade inquebrantável do Ente [*tò ón*], na qual dizem as Escrituras que ele acreditava (Gn 15, 6).

[5] Ele teve por discípula e sucessora Ana, uma dádiva da sabedoria [*sophía*] de Deus – pois o nome "Ana" quer dizer precisamente "a graça da Sabedoria". De fato, quando, após ter recebido a semente divina e ter ficado grávida, ela teve concluído felizmente o trabalho de parto, dando à luz um tipo de homem convocado para o exército de Deus, a quem chamou Samuel – nome cujo significado é precisamente "convocado por Deus" –, ela deu-o de volta ao doador, julgando que não possuía nada próprio que não fosse graça divina. [6] De fato, no primeiro livro dos Reis, ela mesma fala da seguinte maneira: "Eu dou-te o dado" (1Rs 1, 28), sendo a expressão "o dado" usada no sentido de "o que me foi dado", de acordo com o seguinte texto do santíssimo Moisés: "Meus presentes, meus dons, meus frutos, vós cuidareis de ofertar-mos a mim" (Nm 28, 1). [7] Pois a que outro é preciso dar graças senão a Deus? E através de quê, senão daquilo que nos foi dado por Ele mesmo? Pois não é possível ter abundância de nenhuma outra coisa. E Ele não tem necessidade de nada do que ordena aos seus que lhe ofereçam – seus próprios bens –, num excesso de benevolência para com nossa raça. Se nos preocuparmos, pois, em render-lhe graças e honras, seremos purificados de nossas faltas, lavando-se-nos as máculas com que manchamos a vida com palavras [*lógoi*], pensamentos e atos.

[8] Pois é uma tolice não permitir a entrada nos templos sagrados aos que, por não se terem lavado previamente, não têm o corpo limpo, mas permitir, por outro lado, aos que ainda têm o pensamento [*diánoia*] maculado e sujo que se ponham a rezar e oferecer sacrifícios. Pois bem, os templos são feitos de pedras e de madeira, de matéria inanimada, e em verdade o corpo que está dentro deles também é inerte. E, apesar de também inerte, o corpo não deve aproximar-se dos objetos inanimados sem antes ter-se sujeitado a aspersões e cerimônias purificadoras. E quem se atreverá a aproximar-se de Deus, o mais puro de todos, estando impuro na alma e sem ter ao menos a intenção de arrepender-se? [9] Aproxime-se contente

aquele que, além de já não praticar nenhum mal, ainda acha justo purgar os antigos pecados; mas afaste-se aquele que se priva de tais preparativos, permanecendo impuro. Pois isso jamais passará desapercebido d'Ele, que vê o íntimo do pensamento [*diánoia*] e circula por seus recônditos.

[10] O exemplo mais notável do amor de Deus por uma alma está certamente no cântico segundo o qual: "A estéril deu à luz sete vezes, enquanto a rica em filhos se enfraqueceu" (1Rs 2, 5). No entanto, quem fala é mãe de um único filho, Samuel. [11] Como então diz ter dado à luz sete, se não há quem considere que a mônada tem a mesma natureza da hebdômada, não só nos números, mas também na harmonia do todo e nas razões [*lógoi*] da alma virtuosa? Pois Samuel, aquele que foi convocado pelo único Deus, não se associando a absolutamente nenhum outro, foi designado segundo o um e a mônada, que é verdadeiramente o Ente [*tò ón*]. [12] Mas esta constituição é também a da hebdômada, quando a alma repousa em Deus e já não se fatiga em nenhum trabalho de mortais, por causa do abandono da héxada, que Ele atribuiu aos que são incapazes de obter o primeiro prêmio, mas, por constrangimento [*ex anánkēs*], reclamam o segundo.[1] [13] Assim, é razoável que a estéril – não infecunda, mas ainda estável[2] e forte –, lutando com perseverança, coragem e resignação num certame pela aquisição da virtude, tenha dado à luz a mônada, igual em honra à hebdômada; pois sua natureza é fecunda e cheia de filhos. [14] Mas ela disse sem falsidade e muito claramente que "a rica em filhos se enfraqueceu", porque, quando uma alma, sendo apenas uma, tem muitos partos, se afasta do um e, ao que parece, se torna múltipla. Por conseguinte, atinge a exaustão, sobrecarregada e oprimida pela multidão de filhos nela pendurados – conquanto a maioria deles seja prematura ou natimorta. [15] Com efeito, através dos olhos, ela dá à luz os apetites [*epithumíai*] por formas e cores; através dos ouvidos, dá à luz os desejos por sons; e está grávida dos desejos do ventre e do baixo-ventre, de maneira que, tendo muitos

---

[1] Fílon trata mais detidamente do simbolismo dos números um, seis e sete em *De Opificio Mundi* (89-100) e em *De Alegoriis Legum* I (3, 8-20). (N. T.)

[2] Fílon faz aqui um jogo de palavras entre *steîra* ("estéril") e *sterrá* ("firme, sólida") que tentamos, na medida do possível, manter na tradução. Mas é certo que o sentido de *sterrá* se enfraquece um pouco com a opção pelo termo "estável". (N. T.)

descendentes agarrados a ela e carregando tão grande peso, acaba por debilitar-se e desfalecer, pendendo-lhe os braços de fraqueza. Desse modo, sucede serem derrotados todos quantos geram criaturas corruptíveis, sendo eles mesmos corruptíveis.

[16] Mas alguns, sob a filáucia, não se sujeitaram somente à ruína, mas até à própria morte. Ao menos foi o que ocorreu a Onã, que, "percebendo que a descendência [*spérma*] não seria para ele"[3] (Gn 38, 9), não cessou de ferir a lógica [*tò logikón*] excelente da geração dos entes. E, não destruindo nada além de si próprio, foi muito correta e apropriadamente sujeito à ruína absoluta. [17] Pois, se alguns homens fazem tudo por causa de si próprios, sem levar em consideração a honra dos progenitores, nem o bom comportamento dos filhos, nem a salvação da pátria, nem a salvaguarda das leis, nem a manutenção dos costumes, nem a retificação das coisas privadas e públicas, nem os rituais sagrados, e nem sequer a piedade para com Deus, serão uns miseráveis. [18] Sim, porque é glorioso trocar até a própria vida pela graça de uma só das coisas que citei. Mas tais homens dizem que serão negligentes com respeito a esse conjunto de bens por que têm de lutar se deles não lhes advier nenhum prazer. É por isso que o Deus imparcial suprimirá a maldosa introdução da doutrina contrária à natureza chamada de Onã. [19] Efetivamente, é preciso rejeitar todos quantos geram filhos para si mesmos, os quais, perseguindo tão somente o próprio proveito, desprezam o dos outros, como se sozinhos se tivessem engendrado a si próprios, sem o auxílio de milhares de outros: pais, mães, esposas, filhos, pátrias, a raça humana; e, se ainda mais se avançar, haverá que dizer também: com o auxílio do céu, da terra, de todo o universo, dos conhecimentos, das virtudes e, por fim, do Pai e Governador de tudo quanto há. E a cada uma dessas realidades cada um de nós deve atribuir tudo quanto lhe sucede, e não considerar a totalidade delas como um complemento de si mesmo, mas considerar-se a si mesmo como complemento da totalidade delas.

---

[3] Pela lei do levirato ("Se um homem morrer sem filhos, case-se seu irmão com a viúva e dê-lhe assim uma posteridade", Dt 25, 5-10) e por ordem de Judá, Onã desposou Tamar, esposa de seu falecido irmão, que não havia deixado descendência. Assim, o primeiro filho que Onã tivesse com Tamar não seria considerado dele, mas posteridade do irmão defunto. (N. T.)

[20] Mas sobre isso já se falou suficientemente. Vinculemos, antes, àquele discurso o seguinte: "Então", dizem as Escrituras, "vendo que os vícios [*kakíoi*] dos homens se multiplicavam sobre a terra e que todos os dias cada um deles nutria cuidadosamente no coração a maldade, o Senhor Deus ponderou [*enthuméomai*] que havia feito o homem sobre a terra, e refletiu [*dianoéomai*]. E Deus disse: 'Exterminarei da face da terra o homem que criei'" (Gn 6, 5-7).

[21] De modo semelhante, alguns homens superficiais suspeitarão que o Legislador está a falar de forma obscura quando sugere que o Demiurgo se arrependeu de ter criado os homens ao ver a impiedade deles, e que foi essa a causa de Ele ter desejado destruir todas as raças. Que eles saibam, porém, que ao adotarem esse posicionamento estão mitigando e abrandando os pecados dos antigos, pelo excesso de sua própria irreligião. [22] De fato, haverá maior ato de impiedade que supor que o Imutável muda, quando, segundo alguns, nem sequer os homens oscilam seus propósitos [*gnṓmai*]? Sim, porque, para eles, o maior bem que os filósofos sinceros e puros podem obter da ciência é não variarem conforme as circunstâncias, mas agarrarem-se, com firmeza inabalável e sólida constância, a tudo o que é conveniente.

[23] Mas apraz também ao Legislador que o homem perfeito [*tò téleion*] deseje a tranquilidade; pois eis o que o Sábio[4] [*sophós*] ouve da boca de Deus: "Tu, porém, fica aqui comigo" (Dt 5, 31), o que prova clarissimamente a natureza inabalável e resoluta de seu propósito [*gnṓmē*] e sua determinação em tudo o que faz. [24] Pois é verdadeiramente maravilhoso que alguém afine sua alma harmoniosamente como uma lira, não pelas notas agudas e graves, mas de acordo com o conhecimento [*epistḗmē*] dos contrários [*enantíoi*] e com a prática do que há de melhor, sem retesá-las demasiadamente, excedendo-se, nem, cedendo, afrouxar demasiadamente a harmonia das virtudes e das coisas belas por natureza, cuidando em tangê-la e tocá-la melodiosamente, à semelhança de como se faz com a lira. [25] Tal é, pois, o instrumento perfeitíssimo[5] criado pela natureza como um

---

[4] Ou seja, Moisés. (N. T.)

[5] Ou seja, a alma. (N. T.)

arquétipo dos instrumentos feitos pelas mãos humanas; se bem harmonizado, executará a mais bela de todas as sinfonias, que não se remata com uma combinação de tons e de uma voz melodiosa, mas com a harmoniosa concordância das ações ao longo da vida. [26] Portanto, se a alma humana, em meio à intensa rebentação e agitação suscitadas pelo impetuoso e súbito sopro dos vícios, se livra deles com uma brisa de conhecimento e de sabedoria e, após mitigar o marulho turbulento, desfruta a calmaria de um tempo sereno, ainda duvidas que o Incorruptível e Bem-aventurado, que vinculou à sua potência as virtudes, a própria perfeição e a felicidade, não mude de propósito e se mantenha fiel àquilo que decidiu no princípio, sem alterar absolutamente nada?

[27] É certo que os homens são necessariamente mudáveis, seja por causa de sua própria instabilidade, seja por causa de alguma instabilidade externa a eles, assim como após escolhermos os amigos e passarmos um breve tempo com eles, não tendo nada de que acusá-los, frequentemente lhes damos as costas, como a pô-los na categoria de inimigos, ou ao menos na de gente desconhecida. [28] Esse tipo de comportamento prova nossa vã indiferença, pois que somos incapazes de conservar vigorosamente as intenções iniciais; Deus, contudo, não é volúvel. E, se há momentos em que tencionamos permanecer fiéis a nossas normas, nossos parceiros, porém, não o fazem, de modo que nossos propósitos [*gnômai*] também têm de mudar, necessariamente. [29] Para nós, homens, é impossível prever os eventos futuros ou as opiniões dos outros. Mas a Deus tudo se manifesta muito evidentemente, como sob uma luz pura, pois Ele chega até as profundezas da alma e consegue ver distinta e naturalmente o que para os demais é invisível. E, graças à sua presciência [*prométheia*] e à sua providência [*prónoia*], virtudes que lhe são próprias, não permite a ninguém abusar da liberdade ou ficar fora de seu alcance, precisamente porque a incerteza quanto ao futuro não o afeta. [30] Desse modo, é patente que o gerador das coisas engendradas, artífice das coisas criadas e guardião das coisas guardadas é necessariamente sábio. De fato, Deus é pai, artífice e guardião de tudo o que há no céu e na terra. E, se os eventos futuros são certamente obscurecidos pela distância do tempo futuro, que consiste ora em curto ora em longo intervalo, [31] Deus, porém, também é o criador do tempo, pois

que Ele é o pai de seu pai – o pai do tempo é o universo –, e o movimento do universo evidencia a própria gênese do tempo, de maneira que o tempo está diante de Deus na condição de neto. Com efeito, este universo é o filho mais novo de Deus, dado ser ele de natureza sensível [*aisthētós*]; quanto ao filho mais velho – este, por sua vez, de natureza inteligível [*noētós*] –,[6] considerando-o digno do direito de primogenitura, Deus intencionou que permanecesse junto a Ele. [32] Assim, tal filho mais novo, de natureza sensível, ao mover-se fez que a natureza do tempo surgisse em seu resplendor. Desse modo, não há nada futuro para Deus, Ele, que reina sobre os limites do tempo. Sua existência, pois, não ocorre no tempo, mas na eternidade, arquétipo e paradigma do tempo. Na eternidade, nada é passado, nada é futuro; não há senão subsistência.

[33] Tendo, portanto, discutido o suficiente sobre o fato de o Ente [*tò ón*] não ser sujeito a arrependimento, prosseguiremos com a explicação da passagem "Deus ponderou [*enthuméomai*] que havia feito o homem sobre a terra, e refletiu [*dianoéomai*]" (Gn 6, 6). [34] A noção [*énnoia*] e a reflexão [*dianóēsis*] – a primeira, um pensamento [*nóēsis*] em repouso; a segunda, um pensamento a caminho – são as potências mais seguras que o Criador de todas as coisas tem por quinhão e que lhe permitem contemplar do alto suas criaturas. As que não abandonam seu posto, Ele preza-as por sua obediência; mas as que dele se afastam, Ele persegue-as com a punição estabelecida para os desertores. [35] Pois, entre os corpos, uns Ele atou a uma estrutura [*héxis*], outros a uma natureza [*phýsis*], outros a uma alma [*psykhḗ*], e outros ainda a uma alma racional [*logikḗ psykhḗ*].

Assim, às pedras e aos pedaços de madeira, conquanto ligadas ao todo a que pertencem, Ele deu uma estrutura como laço muito forte; ela é um sopro [*pneûma*] que volta a si mesmo, já que começa no centro, se estende até os limites e, tendo tocado a superfície externa, retorna até chegar ao lugar de onde partiu. [36] Eis o contínuo e incorruptível fluxo de mão dupla da estrutura, que os corredores imitam por ocasião dos festivais trienais, em todos os teatros públicos da humanidade, mostrando-o como uma obra grandiosa, brilhante e digna de seus esforços.

---

[6] Esse filho mais velho é o *Lógos*. (N. T.)

[37] Já a natureza, Ele atribuiu-a às plantas, fazendo-a de uma mistura de múltiplas funções: nutrição, transformação, crescimento. As plantas nutrem-se, com efeito, porque têm necessidade de nutrição; e uma prova disso é que as que não são regadas murcham e definham, enquanto as que são irrigadas crescem visivelmente. As que, em razão de sua pequenez, são por um tempo rasteiras crescem subitamente e se tornam altíssimas. [38] E o que dizer de sua transformação? Na época do solstício de inverno, as folhas secam e caem no solo; nos ramos, aquilo a que os agricultores chamam olhos se fecham, exatamente como nos animais; e todas as aberturas [*stómia*] de crescimento se obstruem, porque nesse momento a natureza se encerra em seu interior e descansa, a fim de tomar fôlego e reunir forças para enfrentar desde o princípio as competições costumeiras, como um atleta antes da competição. [39] E isso acontece durante a primavera e durante o verão. Como que acordando de um profundo sono, a natureza abre os olhos, abrindo e dilatando as aberturas [*stómia*] outrora obstruídas, e dá à luz todas as coisas de que estava grávida: folhas, ramagens, gavinhas, sarmentos, frutos enfim. Quando o fruto já está formado, a natureza provê-o de alimentos, como uma mãe ao filho, através de poros invisíveis, semelhantes aos seios das mulheres; e ela não cessa de nutrir o fruto até que amadureça. [40] E o fruto alcança o termo do amadurecimento quando, ainda que ninguém o colha, ele mesmo se apressa a dissociar-se daquilo a que estava unido por natureza, dado já não precisar de nutrição por parte da progenitora, sendo agora capaz de disseminar e engendrar plantas semelhantes à que o produziu – caso tenha obtido por quinhão um bom solo.

[41] A alma, tal qual a fez o Criador, diferencia-se triplamente da natureza: pela sensação [*aísthēsis*], pela imaginação [*phantasía*] e pela inclinação [*hormê*]. Pois, enquanto as plantas não têm inclinação, imaginação e sensação, cada um dos animais participa de todas essas funções mencionadas. [42] A sensação [*aísthēsis*], como o próprio nome indica, é certa inserção[7] [*eísthēsis*], que introduz no intelecto [*noûs*] as aparências [*tà phanénta*]. Com efeito, por ser o intelecto o maior reservatório e receptáculo de tudo

---

[7] Na tradução perde-se o vínculo original entre *aísthēsis* ("sensação") e *eísthēsis* ("inserção"). (N. T.)

quanto há, é nele que se deposita e armazena tudo o que vem da visão, da audição e dos demais órgãos dos sentidos. [**43**] Já a fantasia é uma impressão [*pýtōsis*] na alma, porque grava, como um sinete ou selo, uma marca distintiva naquilo que cada um dos sentidos introduz. E o intelecto [*noûs*], à semelhança da cera, guarda em sua superfície a estampa que recebeu, até que o antagonista da memória, o esquecimento, alisando a impressão, a torne indistinta, ou a remova por completo. [**44**] Mas o que é visível e foi impresso na alma a dispõe às vezes de modo familiar, às vezes de modo que lhe é estranho; essa paixão da alma se chama inclinação [*hormḗ*], disposição que dizem ser o primeiro movimento da alma. Nisso reside a superioridade dos animais sobre as plantas. Vejamos agora o que faz que o homem seja superior aos outros animais.

[**45**] O homem recebeu o privilégio do pensamento [*diánoia*], que comumente apreende a natureza de tudo, tanto dos corpos como das coisas. Assim como no corpo o princípio hegemônico [*tò hēgemonikón*] é a visão, e no universo é a natureza da luz, assim também é o intelecto [*noûs*] o que governa em nós, [**46**] pois ele é a visão da alma e irradia seus próprios raios de luz, com os quais dissipa a grande e profunda escuridão propagada pela ignorância das coisas. Essa forma própria da alma não é composta dos mesmos elementos que serviram para fazer as outras criaturas; obteve por quinhão uma substância melhor e mais pura, da qual foram criadas as naturezas divinas. É com razão, portanto, que consideramos o pensamento [*diánoia*] a única coisa propriamente incorruptível em nós: [**47**] só ele foi honrado com a liberdade pelo Pai Criador, que, rompendo os grilhões da necessidade, o deixou livre e o presenteou com o bem que mais o favorece e que é o seu apanágio: a liberdade de ação [*hekoúsios*], o quinhão que lhe coube receber.

De fato, nos outros viventes, em cuja alma não há intelecto que os eleve à liberdade, foram postos o jugo e o freio, por terem sido dados para o serviço dos homens como os escravos a seus senhores. O homem, contudo, tendo recebido a faculdade de decidir espontaneamente e deliberar, orientando as atividades, na maior parte do tempo, pela livre escolha [*proaíresis*], recebe muito propriamente acusação pelos atos injustos que comete propositadamente, e elogio pelas boas ações empreendidas intencionalmente.

[**48**] Pois entre as demais criaturas – plantas e animais – não há boas obras louváveis, nem falhas culpáveis, pois todos os movimentos e transformações de cada um deles eles recebem-nos, não são deliberados nem voluntários. Só a alma do homem pode ser acusada com justiça por não tratar honrosamente a Aquele que a fez livre, ela, que recebeu de Deus a liberdade de ação – o que, acima de tudo, o faz semelhante a Ele –, sendo tão livre quanto possível da necessidade, senhora difícil e penosíssima. Por essa razão, é justíssimo que pague com castigo inexorável, adequado aos emancipados ingratos.

[**49**] Assim, "Deus ponderou [*enthuméomai*] e refletiu [*dianoéomai*]" – não agora pela primeira vez, mas já desde há muito, de maneira firme e segura – "que havia criado o homem", ou seja, com liberdade de ação [*hekoúsios*] e com livre escolha [*proaíresis*], tendo em vista que ele, conhecendo o que é bom e o que, ao contrário, é mau, o que é belo e o que é feio, e apreendendo com a cogitação [*énnoia*] o que é justo e o que é injusto e, de modo geral, o que procede da virtude e o que procede do vício, ele se entregasse a escolher as coisas melhores e fugisse de seus contrários. [**50**] E por isso é que se encontra no Deuteronômio o seguinte: "Vê, eu pus diante de tua face a vida e a morte, o bem e o mal: escolhe a vida" (Dt 30, 15-19). Por essa fala, manifestam-se duas coisas: que os homens nascem com conhecimento do bem e de seu contrário; e que têm o dever de preferir o melhor ao pior, mantendo o raciocínio [*logismós*] consigo como um juiz incorruptível que se guia pela reta razão e por ela se deixa persuadir, sem se deixar persuadir pelo contrário.

[O ANTROPOMORFISMO BÍBLICO]

[**51**] Tendo esclarecido suficientemente esse ponto, lancemos o olhar sobre sua continuação: "Exterminarei da face da terra o homem que criei, do homem aos animais, dos répteis às aves do céu, pois fiquei irado por tê-los criado" (Gn 6, 7). [**52**] Novamente, ao ouvirem essas palavras, algumas pessoas creem que o Ente [*tò ón*] está sujeito à ira e à cólera. Mas Ele é completamente impermeável a qualquer paixão; a inquietude caracteriza a debilidade humana, e definitivamente não são próprias de Deus as

afecções irracionais da alma, nem as partes e os membros do corpo. Tais coisas são ditas pelo Legislador de maneira introdutória, para admoestar aqueles que não podem ser disciplinados de outro modo.

[53] Nas leis que consistem em mandamentos e em proibições – as quais são leis em sentido próprio –, encontram-se duas proposições capitais quanto à Causa: a primeira é que "Deus não é como um homem" (Nm 23, 19); a segunda, que Ele é como um homem. [54] Mas, enquanto a primeira é garantida pela verdade mais certa, a segunda é introduzida para instrução do vulgo. Eis por que também se diz a este respeito: "Como um homem Ele corrigirá seu filho" (Dt 8, 5). É pois para a eficácia da correção e da reprimenda que se diz isso d'Ele, e não porque seja essa sua natureza real.

[55] Com efeito, entre os homens, uns se tornaram amigos da alma, outros amigos do corpo. Os companheiros da alma são capazes de associar-se às naturezas inteligíveis e incorpóreas e não comparam o Ente [*tò ón*] a nenhum ser criado, mas o dissociam de todas as qualidades – pois um dos requisitos para compreender sua bem-aventurança e sua felicidade suprema é apreender sua existência de todo desnuda, sem atributos – e fazem dele uma imagem apenas pelo ângulo da existência, sem atribuir-lhe forma alguma. [56] Mas os que fizeram acordos e tratados com o corpo, incapazes de tirar a veste das carnes e de ver que a natureza sozinha e por si mesma é autossuficiente, simples, pura e incomparável, pensam que o que se aplica a eles próprios também se aplica à Causa de todas as coisas. E não consideram que um ser formado da reunião de muitas faculdades precisa de muitas partes para suprir as necessidades de cada uma delas. Mas Deus, sendo incriado e tendo levado os demais ao devir, não tem necessidade de nada do que toca às criaturas.

[57] Pois o que haveríamos de dizer? Se Ele está munido de partes que lhe servem de órgãos, haveríamos de dizer que tem pés para andar? Mas para onde andaria Ele, que é todo plenitude? E na direção de quê, se não há nada que o iguale em valor? Por que o faria? Sim, porque Ele não tem de preocupar-se com a saúde, como nós. E haveríamos de dizer, porventura, que tem mãos para dar e receber? Ele certamente não recebe nada de ninguém, pois além de não ter necessidade de nada, tem posse de absolutamente tudo; e, quando dá, recorre ao *Lógos* como a um servo

encarregado dos dons; o mesmo *Lógos* através do qual Ele criou o mundo. [58] Tampouco tem Ele necessidade de olhos, que não podem perceber nada sem o auxílio da luz sensível. Mas a luz sensível é uma luz criada, e Deus via antes da própria criação: Ele era sua própria luz. [59] Por que, então, falar de órgãos de nutrição? Sim, porque, se Ele os tivesse, teria de nutrir-se; uma vez saciado, deter-se-ia; e, após um tempo, teria necessidade de nutrir-se novamente; e nem seria possível mencionar todas as outras consequências de tal. Ora, tudo isso são fabulações de homens ímpios, que contam o conto de que Deus tem forma humana e de que é afetado por paixões humanas.

[60] Por que então Moisés fala de pés e mãos e de idas e vindas a propósito do Incriado? E por que fala de armamentos usados por Ele para defender-se dos inimigos? De fato, ele apresenta-o portando uma espada e usando flechas, ventos e fogo destruidor – ou seja, sob outros nomes, o tufão e o raio que os poetas dizem ser as armas da Causa. Por que lhe atribui a Ele inveja, ira e cólera, descrevendo-o como semelhante a um homem? Mas aos que o interrogam Moisés responde: [61] "Ó vós, o mais excelente dos legisladores não deve ter em mira senão um fim: ser útil a todos quantos recorrem a ele". Nessas condições, os que obtiveram uma natureza abençoada e uma orientação em tudo irrepreensível logo encontram o caminho da vida, uma estrada reta, e têm a verdade como companheira de viagem, junto à qual são iniciados nos verdadeiros mistérios do Ente [*tò ón*], jamais atribuindo a Ele características dos entes criados. [62] Para estes homens é adequadíssima a proposição capital dos oráculos sagrados: "Deus não é como um homem". Mas Ele tampouco é como o céu ou a terra, pois estes têm forma definida e chegam até nós pela sensação [*aísthēsis*], enquanto Deus não pode ser alcançado sequer pelo intelecto senão por sua existência singular. Sua existência é o que compreendemos dele; afora a existência, dele certamente não compreendemos nada. [63] Por outro lado, os que são providos de natureza indolente e obtusa e que durante a infância foram educados no erro, esses, por incapazes de ver com nitidez, necessitam de monitores que, como médicos, haverão de pensar num tratamento adequado à paixão que os acomete, [64] uma vez que para os mal-educados e tolos um mestre temível é de grande ajuda: atemorizados por suas ameaças

e intimidações, são constrangidos a raciocinar apesar deles e por medo. Assim, se não se podem disciplinar com a verdade os homens dessa condição, é preciso que aprendam mediante mentiras que lhes farão bem.

[65] No caso de homens gravemente afetados por alguma doença, os mais confiáveis médicos não se permitem dizer verdade, por saber que, se o fizessem, os pacientes ficariam ainda mais desanimados e a doença se agravaria. Mas, persuadindo-os do contrário, os doentes suportarão a enfermidade mais serenamente, e ela atenuar-se-á. [66] Que homem de bom senso diria a um paciente: "Tu tens de passar por uma cirurgia, por uma cauterização, por uma amputação", ainda que futuramente precise efetivamente ser submetido a tais procedimentos? Ninguém o faria. Pois, quando o enfermo está com o ânimo antecipadamente abatido, contrai outra doença, uma doença da alma – ainda mais grave que a anterior, que lhe atacava apenas o corpo –, recusar-se-á a submeter-se a tratamento. Por outro lado, quando o enfermo está contente por acreditar no tratamento que artificiosamente lhe promete o contrário, haverá de submeter-se a tudo pacientemente, ainda que sua salvação seja extremamente dolorosa. [67] Por conseguinte, sendo o médico mais excelente das paixões e doenças da alma, o Legislador estabelece para si uma só tarefa, um só fim: cortar pela raiz as doenças do pensamento para que não reste nada que faça brotar uma enfermidade incurável. [68] Eis, pois, precisamente, como ele esperava poder extirpar tais enfermidades: pela representação da Causa a fazer uso de ameaças, a ter arrebatamentos e cóleras implacáveis, e ainda com armas defensivas para o combate aos iníquos. Só assim podem ser corrigidos os insensatos.

[69] Por isso é que creio que às duas proposições capitais supracitadas – a de que Deus "é como um homem" e a de que "não é como um homem" – estão vinculados outros dois princípios, correspondentes e congênitos: o medo e o amor [*agápe*]. Pois vejo que todas as exortações das leis à piedade remetem ou ao amar ou ao temer ao Ente [*tò ón*]. Portanto, para os que não atribuem ao Ente [*tò ón*] nenhuma parte e nenhuma paixão humana, mas o honram em Si e por Si – como é adequado fazer com respeito a Deus –, amá-lo é coisa muitíssimo familiar, enquanto para os outros o mais comum é temê-lo.

[**70**] São essas as considerações que era adequado fazer como introdução à investigação que se segue. Mas há que retornar à consideração inicial, em que examinávamos o conteúdo da expressão "fiquei irado por tê-los criado". Talvez isso queira dizer que os vis foram criados pela ira de Deus, enquanto os bons foram criados por sua graça, pois na sequência diz Moisés que "Noé encontrou graça" (Gn 6, 8). [**71**] A ira [*thymós*], paixão que em sentido literal só se aplica aos homens, é de fato dita com referência ao Ente [*tò ón*], mas em sentido figurado, como manifestação de uma verdade da maior necessidade: tudo quanto fazemos movidos pela cólera, pelo medo, pela tristeza, pelo prazer ou por qualquer outra paixão é incontestavelmente criticável e censurável, enquanto, por outro lado, tudo quanto fazemos com reta razão e com conhecimento é louvável. [**72**] Vê com quanta precaução com a expressão ele disse "fiquei irado por tê-los criado", e não o inverso (por tê-los criado, fiquei irado), pois isto implicaria um arrependimento, algo incompatível com a natureza onisciente de Deus. Mas a primeira fórmula introduz a mais essencial das doutrinas, a de que a fonte dos pecados é ira [*thymós*], enquanto a fonte das boas obras é a razão [*logismós*].

[**73**] Ainda, porém, que a totalidade dos homens se desvie pela excentricidade dos pecados, Deus, lembrando-se da bondade perfeita de que dotou todas as coisas, estende-lhes a mão direita e salvadora, sustenta-os, ergue-os, e não permite que a raça seja completamente destruída e desapareça. [**74**] É por isso que as Escrituras dizem que Noé encontrou graça a seus olhos, quando os outros, que se tinham mostrado ingratos, estavam prestes a pagar suas penas – ou seja, para compor o julgamento dos pecadores com a misericórdia salvadora, no mesmo espírito com que diz algures o salmista: "Cantar-te-ei a ti a misericórdia e a justiça" (Sl 100, 1). [**75**] Se Deus quisesse julgar sem misericórdia a raça dos mortais, dar-lhes-ia uma sentença de condenação, já que nenhum homem percorreu o curso da vida do começo ao fim sem cometer um deslize, mas todos caíram de algum modo, uns voluntariamente, outros involuntariamente. [**76**] Então, para que a raça possa subsistir, ainda que muitas espécies devam ser tragadas, Ele junta à justiça a misericórdia, de que fazem beneficiar-se até os próprios homens indignos. E Ele não só tem

misericórdia após julgar, mas também julga após ter misericórdia, porque a misericórdia é, n'Ele, anterior à justiça, pois sabe quem é digno de castigo não depois, mas antes da justiça.

[77] É por isso que está escrito em outra passagem: "Na mão do Senhor há uma taça cheia de uma mistura de vinho puro" (Sl 74, 9). Ora, o misturado não pode ser puro. Mas isso tem uma razão perfeitamente natural e em conformidade com o que foi dito antes: Deus, no que concerne a si mesmo, faz uso de suas potências sem misturá-las, mas mistura-as quando faz uso delas no concernente às criaturas, já que é impossível para a natureza mortal suportar sua potência não misturada. [78] Julgas que não és capaz de contemplar o fulgor do sol em seu estado puro, porque tua visão se extinguiria pela intensidade dos raios, cegando-se antes de apreender qualquer coisa? Mas, em verdade, o sol é apenas uma das obras de Deus, uma parte do céu, um pouco de éter comprimido. Serias porventura capaz de considerar em sua pureza as potências incriadas, que rodeiam a Deus e irradiam a mais fúlgida luz? [79] Sim, porque Ele estende os raios solares do céu aos confins da terra mitigando a violência de seu calor e temperando o ar frio. Isso que Ele misturou aos raios de modo a separar o fogo ardente da luminosidade, liberando a potência de inflamar e conservando a de iluminar, faz que a luz seja bem recebida ao encontrar-se com a luz congênita e amiga armazenada nos olhos humanos: é a reunião num mesmo lugar dessas duas luzes de origem contrária e a saudação entre elas o que permite a percepção por meio da visão. Se assim é, que mortal poderia receber de Deus o conhecimento, a sabedoria, a prudência, a justiça e as demais virtudes em estado puro? Nem sequer o céu e o universo inteiro poderiam recebê-las! [80] Pois bem, conhecendo o Criador sua superioridade sobre todas as ordens de perfeição e a natureza frágil das criaturas – por mais que se jactem do contrário –, Ele não deseja beneficiar nem castigar de acordo com seu poder, mas de acordo com o que sabe podem suportar os que receberão os benefícios e os castigos. [81] Se pudermos beber e saborear uma poção diluída e moderada de suas potências, desfrutaremos uma alegria muito satisfatória; alegria mais perfeita a raça humana não poderia ter. Mostramos, pois, que as potências de Deus não misturadas, puras e em seu mais alto grau só existem ao redor do Ente [*tò ón*].

[82] Similar ao que dissemos é esta passagem, que se encontra alhures: "O Senhor falou uma só vez; duas vezes ouvi suas palavras" (Sl 61, 12). "Uma só" [*hápax*] equivale a não misturado, pois o não misturado é um, e o um é não misturado; mas "duas" [*dýo*] equivale a misturado, pois o misturado não é simples, já que admite a composição e a decomposição. [83] O que Deus profere, portanto, são unidades puras. A palavra que procede d'Ele não é um estampido no ar, pois não se mistura com nenhuma outra coisa: é incorpórea e nua, e não se diferencia da unidade. [84] Nós, todavia, ouvimos dualmente, pois o sopro que o princípio hegemônico [*tò hēgemonikón*][8] emite através de uma artéria chamada traqueia é modelado na boca pela língua, como por um artesão. E, quando é expulso, quando se mistura com o ar, seu congênere, e nele lateja, completa harmoniosamente a mistura da dualidade. A combinação de sons diferentes ressoa primeiramente numa dualidade divisível, composta de um som agudo e de um grave.

[85] Assim, a uma multidão de pensamentos injustos contrapõe-se um só justo – inferior em número, mas superior em poder –, a fim de que o pior deles não pese mais na balança, mas menos, enfraquecido pela tendência oposta, que é a inclinação ao bem.

[86] Mas falta-nos examinar a passagem "Noé encontrou graça diante do Senhor Deus" (Gn 6, 8). Ora, entre os que encontram algo, uns encontram o que antes haviam perdido, e outros algo que jamais tiveram e que agora possuem pela primeira vez. Aqueles que investigam que nomes são apropriados para as coisas costumam chamar à primeira operação encontro [*heúresis*] e à segunda descoberta [*aneúresis*].

[87] Um exemplo bastante claro de descoberta [*aneúresis*] é-nos dado nas prescrições relativas ao grande voto (Nm 6, 2). Um voto é uma prece em que se pedem bens a Deus. Mas o grande voto consiste em considerar que é Deus, em Si mesmo e por Si mesmo, a causa dos bens, sem que nenhuma outra coisa que pareça ajudá-lo coopere de fato com Ele: nem a terra como causa do fornecimento de frutos; nem as chuvas como causa do

---

[8] Como Fílon deixa claro no parágrafo 46 desta obra, o princípio hegemônico da alma é o intelecto (*noûs*). (N. T.)

crescimento das sementes e plantas; nem o ar como causa do que é necessário para nutrir; nem a agricultura como causa da colheita; nem a medicina como causa da saúde; nem o casamento como causa dos filhos gerados. [88] Pois todas essas coisas sofrem mudanças e alterações sob influência divina para produzir muitas vezes o contrário do que era costumeiro. Por esse motivo Moisés diz que aquele que pronuncia este voto é "santo", "deixando crescer os cabelos da cabeça em longos cachos" (Nm 6, 5), o que quer dizer que ele faz crescer no princípio hegemônico [tò hēgemonikón] os embriões "capitais" das doutrinas da virtude, como um tipo de cabeleira, e deles se orgulha. [89] Mas às vezes os perde de repente, como se um furacão se abatesse sobre sua alma e lhe arrebatasse todos os bens. Esse furacão é uma mudança involuntária que mancha o intelecto, mudança a que Moisés chama "morte" (Nm 6, 9). [90] Mas, após perder os bens, ele recupera-os; relembra o que por um tempo havia esquecido e encontra o que havia perdido, de modo que os dias que antecederam sua mudança não sejam contados (Nm 6, 12), ou porque a mudança seja um elemento incalculável, discordante da reta razão e sem nenhuma parte de prudência, ou porque nem sequer seja digna de ser levada em conta. "Pois para tais coisas", dizia alguém, "não há razão nem número."[9]

[91] Mas frequentemente deparamos com coisas que antes não havíamos visto nem em sonho, como aquele agricultor de certa história que, ao cavar um buraco para plantar uma árvore frutífera, encontrou um tesouro, por uma boa sorte inesperada. [92] O asceta [askētḗs],[10] quando o pai lhe perguntou com as seguintes palavras sobre o modo como havia adquirido seu conhecimento: "Como é que o encontraste tão depressa, meu filho?", respondeu: "Foi o Senhor Deus quem o depositou diante de mim" (Gn 27, 20). Pois, quando Deus dá a visão da sabedoria eterna, sem fadiga nem trabalho, subitamente percebemos que encontramos o tesouro da felicidade perfeita. [93] E muitas vezes acontece aos que buscam laboriosamente deixar escapar o que buscavam, e aos que buscam sem zelo algum achar facilmente até coisas que não pretendiam. Sim, porque uns, mais lentos e

---

[9] Teócrito, *Idílios*, 14.48. (N. T.)

[10] Ou seja, Jacó. (N. T.)

morosos na alma, como homens privados da visão, em vão se mantêm no labor de contemplar qualquer dos objetos do conhecimento; enquanto outros foram agraciados pela natureza com o dom de encontrar milhares de coisas sem nenhuma investigação, graças a uma intuição direta e rápida. Parece assim que não se deram ao trabalho de achar tais coisas, senão que as próprias coisas, num ímpeto, se apressaram a dirigir-se para o campo de visão deles e propiciar-lhes a apreensão mais exata possível.

[94] É a estes homens que o Legislador diz que deu "cidades grandes e belas que eles não edificaram, casas cheias de bens e que eles não encheram, cisternas cavas que eles não escavaram, vinhedos e olivais que eles não plantaram" (Dt 6, 10-11). [95] Por cidades e casas designa simbolicamente as virtudes genéricas e específicas, pois o gênero parece uma cidade, por estar compreendido num limite mais amplo e ser comum a muitos; enquanto a espécie parece uma casa, por ser mais recolhida e escapar à comunidade. [96] As cisternas cavadas de antemão são prêmios oferecidos a eles sem nenhum trabalho: são as reservas de águas celestes, tesouros preparados para a preservação das virtudes antes mencionadas, de onde emana uma alegria perfeita para a alma e se irradia a luz da verdade. [97] Felizes aqueles que, passando por algo semelhante aos que despertam de um sono profundo, subitamente veem o mundo, sem nenhum trabalho ou empenho de sua parte. E miseráveis aqueles a quem sucede lutar invejosamente por bens para os quais não foram feitos, movidos pela discórdia, a mais atroz das doenças. [98] De fato, além de deixarem escapar seu objetivo, ainda se sujeitam a enorme desgraça, cujo dano não é pequeno, assim como as naus que navegam contra o vento não só não chegam ao porto para o qual se dirigem, mas muitas vezes naufragam com a tripulação e as cargas, para dor dos amigos e prazer dos inimigos.

[99] Por isso diz a Lei: alguns, tendo usado de violência, desceram a montanha, "e os amorreus que habitavam essa montanha foram na direção daqueles" e feriram-nos como abelhas o fariam, e perseguiram-nos desde Seir até Horma (Dt 1, 43-44). [100] Pois esses homens não naturalmente dados à compreensão das artes, se fazem violência para cultivá-las, necessariamente não só falham em alcançar seu objetivo, mas também merecem a desgraça; e os que cumprem um dever sem consentimento ou

intenção e involuntariamente, ao violentarem sua vontade, não são bem-sucedidos, mas feridos e perseguidos pela consciência [*syneidós*]. [**101**] Já os que restituem os depósitos de pouco valor porque estão em busca de algo maior, podes dizer que esses se distinguem por sua boa-fé, eles, que até quando restituem fazem enorme violência à sua natural má-fé, motivo por que nunca cessam de apunhalar-se? [**102**] E todos quantos rendem ao Único Sábio um culto ilegítimo, como num palco, fazendo-se passar por muitíssimo santos e revestindo-se de certo estilo de vida com o único propósito de mostrar-se aos espectadores reunidos, carregando na alma bufonaria em vez de piedade, esses homens porventura não se estiram numa roda e se torturam, forçando-se a assumir falsamente uma forma que não condiz com a verdade? [**103**] Por conseguinte, por curto período de tempo escondidos sob os signos da superstição[11] – a qual é um impedimento para a piedade e causa grande dano tanto aos que a ostentam como a seus companheiros –, quando despidos de seus ornamentos, sua hipocrisia se mostra nua, e, como homens condenados a ser estrangeiros, são eles registrados ilegalmente na maior das cidades, a virtude, à qual, porém, não pertencem. Pois o que é violento (*bíaios*) tem curta duração, como indica a própria palavra, que dizem provir de "breve" (*baiós*). Com efeito, os antigos chamavam "breve" ao que é de curta duração.

[**104**] Mas precisamos interrogar-nos sobre o que significa "Noé encontrou graça diante do Senhor Deus". Quer-se mostrar com isso, porventura, que ele alcançou a graça ou que foi considerado digno da graça? A primeira suposição não pode considerar-se razoável. Pois o que se lhe deu além do que se deu a todos os outros, uma vez que todos, por assim dizer, são considerados dignos da graça divina, não só os seres compostos, mas também os elementares e simples por natureza? [**105**] Mas a segunda suposição tem uma razão de ser que não é de todo inconsistente, uma vez que a Causa considera dignos de seus dons os que não corrompem com hábitos vergonhosos a marca divina cunhada neles [*tò theîon nómisma*], o sacratíssimo intelecto [*noûs*]. Mas esta ainda não é a interpretação verdadeira.

---

[11] *Deisidaimonía* deve entender-se nesta passagem com o sentido negativo de "superstição", como um falso temor de Deus, uma caricatura da verdadeira piedade. (N. T.)

[106] Pois quão grande devemos supor é aquele que Deus considera digno de sua graça? De minha parte, penso que nem o universo inteiro merece tal graça – ele, que entre as obras divinas é a primeira, a maior e a mais perfeita. [107] Talvez fosse melhor tomá-lo como indício de que o homem bom, dedicado à investigação e rico em saber, encontrou entre todas as coisas que investigou a maior das verdades: tudo quanto há (a terra, a água, o ar, o fogo, o sol, as estrelas, o céu e todos os animais e plantas) é graça de Deus. Mas Deus não se deu nada a si mesmo – nem tem necessidade disso; mas deu o mundo ao mundo, e deu cada uma das partes a elas mesmas, às outras e à totalidade. [108] E, conquanto não julgasse nada digno da graça, deu bens abundantes tanto ao todo como às partes, com os olhos postos em sua mesma bondade suprema e eterna e considerando que a benevolência é parte integrante de sua natureza bem-aventurada e feliz. Desse modo, se me perguntassem qual é a causa da criação do mundo, eu responderia o que aprendi de Moisés: é a bondade do Ente [tò ón], a mais antiga das potências, porque é a fonte das graças.

[109] Há que observar com cuidado que, conforme as Escrituras, Noé agradou às potências do Ente [tò ón], Senhor e Deus (Gn 6, 8), mas Moisés agradou a Aquele que guarda essas potências e que sem elas não pode ser conhecido senão segundo a existência. Pois foi dito pela boca de Deus que "tu achaste graça junto a mim" [Ex 33, 17], revelando-se independentemente de qualquer outra coisa. [110] Assim, a alta sabedoria de Moisés mereceu a graça pessoal d'Aquele que é tão só por Si mesmo [ὁ ὢν αὐτὸς δι' ἑαυτοῦ μόνου], enquanto sua imitação, a sabedoria de segunda ordem, mais particular, é recompensada pelas potências subordinadas, na perspectiva das quais Ele é tanto Senhor como Deus, soberano e benfeitor.

[111] Mas há outro intelecto [noûs], amigo do corpo e das paixões, que se vendeu ao prazer, o cozinheiro-chefe de nosso composto corpóreo (Gn 39, 1), e foi castrado de todas as partes masculinas e generativas da alma, desprovido que era de boas ocupações e incapaz de receber a mensagem divina. Foi excluído da comunidade sagrada, onde se cultivam sem cessar colóquios sobre a virtude, e foi conduzido à prisão das paixões, encontrando no chefe da prisão uma graça mais infamante que a desonra (Gn 39, 20-21). [112] De fato, os prisioneiros não são propriamente os que

foram condenados num tribunal por magistrados designados ou por juízes escolhidos por votação, e que depois foram guiados até ao lugar designado para os malfeitores, mas são antes os que a natureza condenou pela disposição de sua alma, os quais são repletos de tolice, de intemperança, de covardia, de injustiça, de impiedade e de incontáveis outras perdições. [113] Quanto ao administrador, guardião e diretor deles, o chefe da prisão, trata-se de uma composição e combinação de muitos e variados vícios congregados numa só figura: e agradar-lhe é o maior dos males. Mas alguns não veem isso e, enganados quanto ao causador de danos, o tomam como vantajoso, dele se aproximam com grande alegria e lhe servem de guarda-costas, com o objetivo de ser considerados confiáveis e, assim, tornar-se suboficiais e comandantes substitutos na defesa das faltas voluntárias e involuntárias. [114] Mas tu, ó alma minha, considera tal autoridade e tal comando como mais insuportáveis que a odiosa escravidão. Escolhe, sobretudo, uma vida desembaraçada, desatada e livre. [115] E, se estás presa por uma paixão, submete-te a ser prisioneira antes que carcereira, pois teus sofrimentos e suspiros te farão encontrar misericórdia; mas, se estás sujeita a uma ambição de honras e a uma ânsia de fama, lançar-te-ás ao prazeroso mal de ser carcereira, ficarás enormemente submissa a ele e, desse modo, permanecerás toda a vida entregue a tal prisão. [116] Rejeita com todas as tuas forças, portanto, os favores dos chefes da prisão; mas, mais que isso, deseja com todo o zelo o que provém da Causa. E, se não fores capaz de fazê-lo – pois a grandeza de tal dignidade está além de nossas forças –, vai, sem retornar, até às potências dele e faz-te suplicante diante delas, até que elas, rendendo-se à constância e legitimidade de teu serviço, te coloquem no lugar dos que lhes agradam, como fizeram a Noé, de cujos descendentes se fez um catálogo admirabilíssimo e espantosíssimo.

[117] Pois dizem as Escrituras: "Eis a descendência de Noé: sendo Noé um homem justo e perfeito em sua geração, agradou a Deus" (Gn 6, 9). Enquanto os descendentes do que é composto são também compostos por natureza – os cavalos geram necessariamente cavalos, os leões geram leões, os bois geram bois, e de modo semelhante também os homens geram necessariamente homens –, [118] um bom pensamento [*diánoia*] não gera uma prole dessa sorte, mas gera as virtudes antes mencionadas: a de ser

homem, a de ser justo, a de ser perfeito, e a de agradar a Deus, a qual, apesar de ser a mais perfeita de todas e a medida da mais alta felicidade, é mencionada em último lugar. [**119**] O nascimento é um tipo de guia ou de caminho que leva do não ser ao ser – as plantas e os animais estão por natureza necessariamente sujeitos a isto; outro caminho é a transformação de um gênero excelente numa espécie inferior, que Moisés lembra quando diz: "Eis a descendência de Jacó: José tinha dezessete anos e, sendo novo, apascentava o rebanho com seus irmãos, filhos de Bala e de Zelfa, mulheres de seu pai" (Gn 37, 2). [**120**] Sim, porque é exatamente quando a razão [*lógos*] entregue ao exercício e ao estudo desce dos pensamentos divinos às opiniões [*dóxai*] humanas e mortais que nasce José, devoto do corpo e das coisas a ele relacionadas; sendo ainda novo apesar de o curso do tempo ter-lhe agrisalhado os cabelos, ele nunca ouviu nem um julgamento, nem uma informação mais antiga, tudo o que os seguidores de Moisés apontaram como a posse e o gozo mais vantajosos para eles mesmos e para os que com eles se reuniam. [**121**] Por isso, parece-me que Moisés, desejando delinear sua figura e dar uma noção muito precisa de seu caráter, representa-o apascentando não na companhia dos irmãos legítimos, mas dos ilegítimos, que, nascidos de concubinas, levam o nome do gênero inferior, o das mulheres, e não o do superior, o dos homens – são chamados filhos de Bala e Zelfa, e não filhos de Israel, seu pai.

[**122**] E alguém poderia apropriadamente perguntar por que, após a evocação da perfeição moral de Noé, diz ele que "a terra se arruinou diante de Deus e se encheu de injustiça" (Gn 6, 11). Mas possivelmente não seja difícil para um homem não muito ignorante chegar a uma solução disso. [**123**] Precisamos dizer ainda que o aparecimento na alma do elemento incorruptível corrompe em seguida o elemento mortal, pois que a gênese das práticas honoráveis é a morte das práticas malignas, assim como a luz, ao brilhar, faz desaparecer a escuridão.

É por isso que se disse muito precisamente na lei sobre a lepra que, "se a carne viva aparecer no leproso, ele será maculado" (Lv 13, 14). [**124**] E a isso vincula-se o seguinte, como que para acrescentar uma indicação: "E a carne sã é uma mácula" (Lv 13, 15), em oposição ao que é provável e ao que é habitual. Pois todos os homens pensam que as carnes doentes são a destruição das saudáveis e que as mortas são a destruição das vivas, e não o inverso – que as saudáveis e vivas são a salvação de seus contrários. [125] Mas o Legislador, cuja sabedoria é a mais inovadora de todas, propôs algo de sua parte ao ensinar que as carnes saudáveis e vivas são a causa do não purificar-se das máculas; pois a cor saudável e viva na alma, aparecendo verdadeiramente em sua superfície, é um mecanismo de censura. [126] Quando esse mecanismo vem à tona, faz um catálogo de todos os pecados da alma e dificilmente cessa de repreendê-la, de fazê-la envergonhar-se e de castigá-la. E, uma vez censurada, a alma passa a conhecer cada um dos atos que praticou contra a reta razão e a compreendê-los como atos insensatos, imoderados, injustos e cheios de máculas.

[127] É por isso que ele escreve uma lei muito paradoxal, em que diz que, enquanto o parcialmente leproso é impuro, é puro o totalmente leproso, coberto de lepra em todas as partes, das extremidades dos pés ao topo da cabeça (Lv 13, 11-13). Alguém logo poderia conjecturar o contrário, como seria razoável fazer: que a lepra adquirida e que só se manifesta em poucas partes do corpo é menos impura, enquanto a lepra proliferada, que toma o corpo inteiro, é mais impura. [128] Mas mediante tais símbolos o Legislador mostra, como me parece, a maior das verdades: as faltas involuntárias, por maiores que sejam, são irrepreensíveis e puras, dado não terem na consciência [*syneidós*] uma severa acusadora. Mas as voluntárias, ainda que não se estendam por grande superfície, quando postas à prova diante do juiz da alma, mostram-se profanas, maculadas e impuras. [129] Desse modo, a lepra ambivalente e que brota em duas cores é indicativa de um mal voluntário, pois a alma, possuindo a reta razão, sã e viva, não a usa como piloto para a salvação das coisas belas, senão que, entregando-se a mãos inexperientes em navegação, se lhe desvia completamente a embarcação da vida, que poderia ter-se salvado num tempo favorável e calmo. [130] Mas a lepra que se altera para adquirir aparência branca constitui uma mudança involuntária, uma vez que o intelecto, amputado por completo da capacidade de raciocinar, e sem que lhe reste nenhuma semente geradora de compreensão, como homens na neblina e em meio a profunda escuridão, não vê nada do que é preciso fazer, senão que é como um cego que tropeça a todo momento

por não conseguir ver e está sujeito a constantes escorregões e a quedas repetidas e involuntárias.

[131] Algo semelhante a isso é o edito referente às casas onde a lepra ocorre com frequência. Pois diz a Escritura que, "se houver uma chaga de lepra numa casa, o proprietário irá até um sacerdote e informá-lo-á, dizendo: 'Parece-me que há como uma chaga de lepra em minha casa'". E depois acrescenta: "E, antes de entrar para examinar a chaga, o sacerdote ordenará que esvaziem a casa, e nada do que se encontra na casa se tornará impuro. E só então entrará para examinar a casa" (Lv 14, 34-36). [132] Por conseguinte, antes de o sacerdote entrar, as coisas na casa estão puras; mas, depois de ele entrar, todas estarão impuras. Na verdade, o provável seria o contrário: que um homem purificado e perfeito, acostumado a fazer orações, rituais e sacrifícios para todos, ao entrar na casa melhorasse as coisas que estão dentro dela, e tornasse puro o impuro. Mas agora nada permanece em seu lugar; tudo se torna pior com a entrada do sacerdote. [133] Mas se isso está de acordo com a prescrição literal, tal qual nos é dada, que o considerem os que têm por hábito estudar coisas assim e amam fazê-lo. Mas nós, diversamente, precisamos dizer que não há coisa mais concorde com outra do que o fato de que, quando o sacerdote entra na casa, as coisas dentro dela estejam maculadas. [134] Enquanto a razão divina não entra em nossas almas como em seu lar, todas as suas ações são irrepreensíveis, pois o tutor, padre, mestre, ou como quer que se chame o sacerdote, única pessoa por quem pode ser admoestado e controlado, está muito distante. E deve conceder-se perdão aos inexperientes que cometem pecados por ignorância do que se deve fazer, porque não os percebem como pecados, mas julgam agir corretamente quando, em verdade, estão cometendo grandes erros. [135] E, quando o verdadeiro Sacerdote, o Escrutínio [*elenkhos*], entra em nós como um raio puríssimo de luz, descobrimos nesse instante os planos nada inocentes armazenados em nossa alma e nossas ações censuráveis e condenáveis, que empreendemos por ignorância do que é benéfico. A todas essas coisas torna-as maculadas o Escrutínio em seu sacerdócio, e dá ordem para que sejam retiradas e removidas, a fim de contemplar em sua pureza a morada da alma e, se nela houver alguma enfermidade, curá-la.

[136] Uma representação disso, no livro dos Reis (1Rs 17, 10), é a viúva que encontra o profeta. É viúva não como o entendemos, ou seja, por ser uma mulher que perdeu o marido, mas por ter-se livrado das paixões que destroem e prejudicam o pensamento [*diánoia*], como também é o caso de Tamar, segundo Moisés. [137] Pois esta, após enviuvar, recebeu ordem de estabelecer-se na casa de seu único Pai e Salvador (Gn 38, 11) e, por esse motivo, renunciando ao convívio e à companhia dos mortais, por um lado se viu livre e viúva dos prazeres humanos; por outro recebeu uma semente divina, e, cheia de embriões de virtude, concebeu e deu à luz belas ações. E, após tê-las gerado, toma os prêmios de seus antagonistas e é considerada vitoriosa: leva uma palma como símbolo de sua vitória – e, com efeito, o significado do nome Tamar é "palma". [138] Todo e qualquer pensamento [*diánoia*] que está para tornar-se viúvo e deserto de males diz ao profeta: "Homem de Deus, entraste em mim para lembrar-me minha iniquidade e minha falta" (1Rs 17, 18). Pois, ao entrar na alma, este homem inspirado, possuído de um amor celeste e incrivelmente aguilhoado pelos furores irresistíveis da loucura inspirada por Deus, produz uma lembrança dos pecados e iniquidades antigos, não com o fim de sujeitar novamente a alma a estes, mas com o fim de que, lamentando e chorando muito os erros passados, repila com ódio as coisas que de tal decorreram e siga as instruções do *Lógos*, intérprete e profeta de Deus. [139] Pois os que nos precederam chamavam aos profetas ora homens de Deus, ora videntes (1Rs, 9, 9), dando nomes apropriados e convenientes à inspiração e à visão dos acontecimentos de que eram capazes.

[140] Por conseguinte, o santíssimo Moisés diz com propriedade que a terra se corrompeu quando as virtudes do justo Noé se manifestaram: "Ela estava corrompida", disse, "porque toda a carne corrompeu o caminho dele mesmo sobre a terra" (Gn 6, 12). [141] Parecerá a alguns que a expressão foi usada erroneamente e que seria mais preciso e conforme ao discurso pô-la na seguinte forma: "porque toda a carne corrompeu o caminho dela mesma", porque é impróprio aplicar a um nome feminino como "carne" (*sárx*) uma declinação masculina como "dele mesmo" [*autoû*]. [142] Mas não se trata aqui apenas da carne que corrompe sozinha seu próprio caminho – caso em que seria razoável pensar num erro

de expressão –, mas de duas coisas: da carne corrompida e de outra coisa, cujo caminho a carne tenta prejudicar e corromper. De modo que é preciso interpretá-lo da maneira seguinte: toda a carne corrompeu o caminho perfeito do Incorruptível e Eterno, o caminho que conduz a Deus. [143] E, sabe-o, esse caminho é a sabedoria [*sophía*], pois é por ela que o intelecto [*noûs*] é conduzido ao longo de uma estrada reta até chegar a seu término. E o término do caminho é a compreensão e conhecimento de Deus. Mas esta via, todo companheiro da carne a odeia e censura, e tenta corrompê-la. De fato, não há antagonismo comparável ao antagonismo entre, por um lado, o conhecimento e, por outro, o prazer da carne.

[144] Como quer que seja, contra aqueles que desejam trilhar esta estrada real e que são membros da nação visionária chamada Israel, Edom, o homem terrestre – este é o sentido de seu nome –, trava combate, ameaçando obstruir-lhes o caminho por todos os meios e esforços e torná-lo completamente intransitável e intransponível. [145] Ora, os embaixadores enviados disseram o seguinte: "Nós passaremos por tua terra. Não atravessaremos os campos, nem as vinhas, nem beberemos a água de tua cisterna. Mas seguiremos a estrada real, sem nos desviarmos para a direita nem para a esquerda, até cruzar tuas fronteiras". E Edom respondeu, dizendo-lhes: "Tu não passarás por minhas terras. Se o fizeres, sairei armado a teu encontro". E os filhos de Israel disseram-lhe: "Passaremos pela encosta da montanha; e, se eu e meus rebanhos bebermos de tua água, pagar-te-ei o que devo. Isto não é nada; passaremos pela encosta da montanha". Mas ele disse: "Tu não passarás por minhas terras" (Nm 20, 17-20).

[146] Conta-se que certo homem de antigamente, ao observar um suntuoso cortejo que passava, olhou para alguns conhecidos e disse: "Ó companheiros, vede quantas coisas há de que não tenho necessidade alguma". Ele alardeava, numa expressão sucinta, uma mensagem grandiosa e celestial. [147] Que dizes? Foste coroado no combate olímpico contra todas as riquezas e prevaleceste sobre o que há nelas, de modo que não te permites receber nenhum gozo e nenhuma vantagem da parte delas? É maravilhosa esta história; mas ainda mais maravilhoso é o propósito que se fortalece a ponto de obter incontestável vitória sem precisar combater. [148] No entanto, não é permitido a nenhum homem sozinho gabar-se de

ter aprendido, antes de Moisés, os rudimentos da sabedoria; mas a uma nação muito populosa, sim. Prova disso é que a alma de cada um de seus discípulos esteve confiante e resoluta ao dizer "passarei imediatamente por tuas terras" em face do rei de todos os bens aparentes – pois, na verdade, todas as coisas terrestres só são boas em aparência –, o terrestre Edom. [149] Que promessa extraordinária e magnífica! Mas dizei-me vós: sereis capazes de transpor todos os bens aparentes e estimados que há na terra, de passar direto por eles, de passar ao largo deles? E porventura não haverá nada que venha conter ou refrear vosso vigoroso ímpeto de prosseguir? [150] Ao verdes a sucessão dos tesouros transbordantes de riquezas, desviareis e afastareis os olhos deles? E as distinções sociais que herdastes de vossos ancestrais paternos e maternos, e o nobre nascimento aclamado por tantos, olhá-las-eis de cima para baixo? E a fama, pela qual os homens são capazes de dar tudo, deixá-la-eis para trás, como a algo muito ignominioso? Que me dizeis? Passareis ao largo da saúde do corpo, da precisão dos sentidos, da beleza por que tantos lutam, da inconteste força física e das demais coisas que adornam a casa ou o túmulo da alma – ou como quer que se chame – de modo que não incluais nenhuma dessas coisas na classe dos bens? [151] Essas são as audácias da alma olímpica e celeste, que abandonou as regiões da terra e foi elevada e levada a viver entre as naturezas divinas. Sim, porque, uma vez saciada da contemplação dos bens genuínos e incorruptíveis, ela naturalmente renuncia aos efêmeros e ilegítimos.

[152] Qual é então a vantagem de passar direto por todos os bens mortais próprios dos mortais não com o auxílio da reta razão, mas por hesitação, indolência ou inexperiência, como fazem alguns? Certamente, nem todas as coisas são estimadas em todos os lugares, mas coisas diferentes são prezadas por pessoas diferentes. [153] Por isso, querendo mostrar que o comportamento desdenhoso diante das coisas acima referidas deriva da retidão da razão, as Escrituras acrescentam a "passarei" o complemento "por tuas terras". É seguramente da maior necessidade que, vendo-nos cercados de abundância de bens aparentes – recursos materiais de todos os tipos –, não nos deixemos capturar por nenhuma das redes lançadas por eles, mas, como o fogo, tenhamos o poder de frustrar suas sucessivas e contínuas investidas com um único ímpeto. [154] Os israelitas dizem

que passarão por tal caminho e não pelos "campos e vinhas" porque seria de um simplismo primitivo passar direto pelas plantas que, cultivadas na alma, geram frutos cultivados – aquelas são os bons propósitos; estes, as ações louváveis. É preciso permanecer ali e colhê-los; e empanzinar-se sofregamente deles. É belíssima a alegria insaciável que jaz nas virtudes perfeitas, alegria essa que é simbolizada pelas mencionadas vinhas.

[155] Mas nós, sobre quem Deus, do alto, verte e derrama fontes de bens, nós bebemos da cisterna e andamos pela terra a procurar mananciais insignificantes, enquanto do céu chove incessantemente sobre nós o alimento que é melhor que o néctar e a ambrosia de que falam os mitos. [156] Além disso, quando tomamos da bebida que a engenhosidade dos homens armazenou, buscamos asilo e refúgio numa obra fundada em nossa falta de confiança, nós, para cujo uso e gozo o Salvador do universo abriu o tesouro celeste. Com efeito, Moisés, o hierofante, roga que o Senhor nos abra seu bom tesouro, o céu, e nos conceda a chuva (Dt 28, 12). [157] As preces do amigo de Deus são ouvidas. Mas por quê? Esse homem, que não considera suficientes para alimentá-lo o céu, nem a chuva, nem a cisterna, nem a totalidade das coisas criadas, mas que vai além de tudo isso, contando aquilo por que passou – "o Deus que me nutriu desde a juventude" (Gn 48, 15) –, não te parece, por acaso, que todas as águas subterrâneas juntas não seriam dignas nem sequer de um olhar dele? [158] Não beberia de uma cisterna o homem a quem Deus dispensou as bebidas mais puras e inebriantes, ora pelo ministério de um anjo que foi elevado à dignidade de escanção, ora por Deus mesmo, sem instituir mediação entre o dador e o beneficiário.

[159] Sem mais tardança, tentemos então seguir pela estrada real, nós, os que achamos justo deixar de lado as coisas terrenas. A estrada real é a que não tem por chefe um indivíduo qualquer, mas o único e verdadeiro Rei. [160] Como eu disse há pouco, essa estrada é a sabedoria [*sophía*], e é somente através dela que as almas suplicantes encontram refúgio no Deus incriado, pois, naturalmente, aquele que segue desimpedido pela estrada real não se cansará antes de encontrar o Rei. [161] Naturalmente, aqueles que d'Ele se aproximam reconhecem a bem-aventurança d'Ele e a deficiência de si mesmos. Foi assim que Abraão, ao ficar muito próximo de Deus,

percebeu imediatamente que ele mesmo não era nada mais que terra e cinzas (Gn 18, 27). **[162]** Que ninguém se desvie, pois, da estrada real, nem para a direita nem para a esquerda, mas avancemos todos pelo meio dela, pois os desvios para qualquer uma das direções se devem ora aos exageros que acarretam um excesso da tensão, ora às deficiências que levam a um relaxamento; e, nesse domínio, a direita não é menos censurável que a esquerda. **[163]** No caso dos que vivem impulsivamente, a direita é a temeridade [*thrásos*] e a esquerda é a covardia [*deilía*]; no caso dos avarentos na administração dos bens, a direita é a mesquinhez e a esquerda são os gastos descontrolados; e todos quantos são prodigiosos no calcular julgam que a direção escolhida por eles é astuciosa, enquanto a que evitam é tolice; outros seguem de perto a superstição, porque é direita, enquanto se desviam da impiedade, porque é algo que deve evitar-se. **[164]** Assim, para que não sejamos compelidos pelos vícios belicosos, desviando-nos do necessário, devemos desejar e rogar o seguir retamente a estrada pelo meio. Ora, o meio-termo entre a temeridade e a covardia é a coragem [*andreía*]; entre o descuido dispendioso e a avareza vil é a temperança [*sōphrosýnē*]; entre a velhacaria e a tolice é a prudência [*phrónēsis*]; e entre a superstição e a impiedade é a piedade [*eusébeia*]. **[165]** Tais são os meios-termos entre os desvios. Todos são caminhos acessíveis e transitáveis, por onde se deve andar não com os órgãos do corpo, mas com os movimentos da alma, que continuamente anseia o que há de mais excelente.

[166] E eis que o terrestre Edom, extremamente aborrecido por temer a destruição e a confusão de suas próprias doutrinas, nos ameaçará com uma guerra implacável se forçarmos a passagem, cortando e segando sem cessar o fruto de sua alma, que ele plantou para a ruína da prudência, mas não colheu. Diz ele: "Tu não passarás por minhas terras. Caso contrário, sairei armado a teu encontro". **[167]** Mas, sem darmos atenção a suas ameaças, respondemos que "passaremos pela encosta da montanha", o que quer dizer que, habituados a frequentar as potências altas e elevadas e a examinar cada coisa em sua definição,[12] buscando em todo fenômeno – qualquer que seja – sua razão de ser, o que nos dá sua natureza essencial,

---

[12] Aqui, Fílon joga com as palavras *óros* ("montanha") e *hóros* ("definição"). (N. T.)

habituados pois a isso, tratamos com desdém todas as coisas externas e ligadas ao corpo, pois são baixas e demasiado rasteiras: é que a ti te são sem dúvida caras, mas a mim me são odiosas. É por esse motivo que não nos havemos de prender a nenhuma delas. [168] Conforme o que se disse, se nós as tocarmos sequer com a ponta do dedo, estaremos dando privilégio e honra a ti. Arrogante, tu gabar-te-ás, como se nos tivesses guiado a nós, amantes da virtude, pelos caminhos sedutores do prazer. [169] "E, se eu e meus rebanhos bebermos de tua água, pagar-te-ei o que devo", diz o filho de Israel, não se referindo ao "pagamento" de que falam os poetas – em prata, em ouro, ou em qualquer outra moeda que, conforme o costume, permita aos compradores indenizar os vendedores –, mas à honra, o privilégio que ele então reclama. [170] Pois todo e qualquer homem licencioso, injusto ou covarde, quando vê alguém mais austero fugir do esforço, ser subjugado pelos ganhos ou ceder a algum dos encantos do prazer, regozija-se, exulta e pensa que lhe está prestando honras; e, após comportar-se como um jovem e gesticular para muitos, começa a filosofar sobre seus próprios vícios como se fossem atividades necessárias e úteis, dizendo que, se não o fossem, um homem de boa reputação não se sujeitaria a elas. [171] Digamos então a todo e qualquer ignóbil: Se bebermos de tua água, se num ímpeto irrefletido tocarmos algo teu, dar-te-emos honra e favor em vez de infâmia e desonra, a ti, que destas és merecedor. E, na verdade, as ações de que te ocupas não são absolutamente nada.

[172] Pensas que alguma das realidades mortais tem verdadeiras existência e consistência? Não estão elas suspensas por uma opinião falsa e incerta, como num movimento oscilatório, não diferindo em nada dos sonhos falsos? [173] Mas, se não quiseres examinar o destino que cabe aos homens, examina as mudanças positivas e negativas por que passaram todas as nações e povos. Outrora a Grécia esteve em pleno florescimento, mas os macedônios a tomaram à força. A Macedônia, por sua vez, floresceu, mas, dividida em várias partes, acabou enfraquecida, até extinguir-se completamente. [174] Antes dos macedônios, os negócios dos persas eram prósperos, mas um único dia bastou para que se lhes arruinasse o grande e extenso reino. E então os partos se tornaram mais poderosos que os persas, anteriormente senhores e subjugadores, por curto período, dos mesmos partos.

Por muito tempo o Egito foi um império ilustre, mas sua grande prosperidade passou como uma nuvem. E o que são os etíopes? O que são Cartago e o reino da Líbia? O que são os reis do Ponto? [175] O que são a Europa, a Ásia e, em suma, todo o mundo habitado? Não são agitados e agitados para cima e para baixo [*ánō kaí kátō*] como um navio no mar sujeito a ventos favoráveis e contrários? [176] Com efeito, o *Lógos* divino movimenta-se num círculo a que a maioria dos homens chama Fortuna. E, circulando entre cidades, povos e nações, ela redistribui a uns a parte dos outros e a todos todas as partes, alterando somente de tempos em tempos o quinhão de cada um, a fim de que todo o mundo habitado seja como uma única cidade, submetida à democracia, o melhor dos regimes. [177] Por conseguinte, nenhum dos esforços humanos, nenhum trabalho ou ação não é mais que uma sombra ou uma brisa que escapa antes que possa ser apanhada, pois que vai e vem, como a maré. Os oceanos, em seus fluxos e refluxos, rompem por vezes com uma vaga varredora e inundam, transbordantes, o que antes era terra firme; mas outras vezes se retiram, convertendo em terra firme boa parte do que antes era coberto pelas águas do mar. [178] Do mesmo modo, depois de a Prosperidade ter inundado uma nação grande e populosa, volta o ímpeto de sua corrente na direção contrária, sem deixar para trás sequer a menor gota d'água, para que não reste nenhum rastro da prosperidade de outrora. [179] Mas nem todos entendem o sentido perfeito e completo desses acontecimentos; só o percebem os que estão acostumados a dar ouvidos à razão e à definição retas e definitivas. Sim, porque são os mesmos homens os que dizem estas duas coisas: "toda e qualquer obra da criação não é nada" e "passaremos pela encosta da montanha". [180] Para quem não está acostumado a passar pelos caminhos elevados da definição, é certamente impossível renunciar à realidade mortal e desviar-se para emigrar para a realidade incorruptível.

Assim, enquanto o terrestre Edom se julgou no direito de interditar o caminho celeste e real da virtude, o *Lógos* divino, ao contrário, interditou o caminho de Edom e de todos os seus sectários. [181] Entre eles, há que inscrever Balaão, pois que é uma criatura da terra e não progênie do céu. Uma prova disso é que, influenciado por augúrios e falsas profecias, nem sequer quando os antes fechados olhos de sua alma se abriram e "ele viu o anjo do Senhor em seu caminho" (Nm 22, 31), nem nesse momento ele retrocedeu e desistiu de agir mal, senão que, dando ouvidos aos muitos fluxos de sua insensatez, acabou tragado por eles. [182] Pois as enfermidades da alma se tornam não só verdadeiramente difíceis de tratar, mas até completamente incuráveis, quando, enquanto o Escrutínio [*élenkhos*] se aproxima – ou seja, o *Lógos* divino, o anjo que guia nossos passos e afasta deles os obstáculos para que sigamos sem tropeçar pelo caminho principal (Sl 90, 11-12) –, pomos nossas opiniões duvidosas adiante dos conselhos que Ele nos dá continuamente, com o fim de admoestar-nos, tornar-nos temperantes e corrigir toda a nossa vida. [183] Por isso, o que não se deixa persuadir pelo Escrutínio e não o leva em consideração quando se põe em seu caminho será submetido à "destruição junto com os feridos" (Nm 31, 8) que as paixões trespassaram e feriram. Aos indivíduos não completamente difíceis de purificar, a desdita de tal homem será uma lição mais que suficiente de que é preciso esforçar-se por manter a disposição favorável do juiz interior; e tal se dará se não se puserem em questão os retos julgamentos feitos por ele.

DE PROVIDENTIA

DA PROVIDÊNCIA

FRAGMENTO I (EUSÉBIO, *PRAEPARATIO EVANGELICA*, VII, 21, 336B-337A)

Sobre a quantidade da substância [*ousía*], se de fato existe, é preciso dizer o seguinte: na criação do mundo, Deus tencionou houvesse matéria [*hýlē*] suficiente, de modo que não faltasse nem sobrasse, pois seria absurdo que os artesãos, por um lado, ao fabricarem algo – principalmente se de valor elevado –, medissem na matéria o que seria suficiente, enquanto o inventor dos números, das medidas e da uniformidade que nelas há, por outro lado, não ponderasse sobre o que bastaria. Direi então, com franqueza, que para a construção do mundo não deve haver substância [*ousía*] de mais nem de menos, pois de outra forma o mundo não seria perfeito nem completo em todas as suas partes – mas, pelo contrário, ele perfez-se de substâncias perfeitas, havendo sido muito bem criado. De fato, é próprio do onisciente, antes de dar início a qualquer construção, saber se há matéria bastante. Por conseguinte, ainda que um homem traga ciência [*epistḗmē*] superior à dos outros, por não ser capaz de escapar por completo à falácia congênita dos mortais, provavelmente se enganará quanto à quantidade de matéria necessária enquanto estiver no processo de fabricação, e umas vezes adicionará, como se a houvesse de menos, e outras retirará, como se a houvesse de mais. Mas Ele, que é a fonte dos conhecimentos, não haveria de fornecer nada supérfluo ou escasso, pois faz uso de medidas elaboradas com extraordinária perfeição, em tudo dignas de louvor. Mas quem, de outro modo, tem inclinação para dizer despropósitos não tardará a opor-se a isto, como se os trabalhos de todos os artesãos passassem a ocupar um lugar melhor na construção se lhes fosse adicionado ou subtraído algum recurso material. Pois o oficio da prática sofística é inventar silogismos, enquanto o da sabedoria [*sophía*] é examinar detidamente uma a uma as coisas da natureza.

FRAGMENTO II (EUSÉBIO, *PRAEPARATIO EVANGELICA*, VIII, 14, 386-399)

[1] Eis o modo como [Alexandre] constrói este discurso:

Dizes que há providência [*prónoia*] em meio a tamanha desordem e confusão das coisas? Na vida humana, o que de fato é regido por uma ordem? O que então não é repleto de desordem e de corrupção? Ou só vós ignorais que bens em abundância se precipitam sobre os piores e mais vis dos homens: riqueza, glória, honras rendidas pelas multidões; e mais: autoridade, saúde, sentidos externos aguçados, beleza, força física, fruição dos prazeres sem impedimentos, tanto pela abundância de recursos como pela serena excelência do corpo; enquanto, em contrapartida, os que amam a prudência [*phrónēsis*] e as demais virtudes e se exercitam na prática delas são – devo dizer – pobres, desconhecidos, inglórios, humildes?

[2] Tendo dito essas coisas em sua refutação [*anaskeuê*],[1] e incontáveis outras, a seguir ele refuta as objeções [*antithéseis*] da seguinte forma:

Deus não é um tirano que com crueldade e violência execute tantos atos quantos um déspota de autoridade selvagem, mas um rei que, mantendo-se no governo civilizada e legalmente, dirige com justiça não só a totalidade do céu, mas também o mundo. [3] Para um rei não há denominação mais apropriada que a de pai, pois o que os pais são para os filhos na relação familiar e o rei é para a cidade, Deus é-o para o mundo – Ele, que juntando sob as imutáveis leis da natureza as duas maiores belezas, a competência governativa [*tò hēgemonikón*] e o cuidado do guardião

---

[1] Sobre o argumento destrutivo, cf. Quintiliano, *Inst.* 2.4.18; Hermógenes, *Prog.* 5. (N. T.)

[*tò kēdemonikón*], as uniu indissoluvelmente. [4] Os pais não deixam de velar pelos filhos pródigos, e, apiedados de seu infortúnio, tratam-nos com todo o cuidado e protegem-nos, por julgarem que espezinhá-los por sua desventura é obra de homens odiosos e implacáveis, e ser suave ante os erros obra de amigos e parentes. [5] Em sua liberalidade, com frequência gratificam mais a estes que aos temperantes, por estarem inteiramente cientes de que, enquanto a temperança [*sōphrosýnē*], copiosa fonte de prosperidade, está com os temperantes, a única esperança dos outros são os pais: falhando eles nisto, os filhos ficarão desprovidos até do fundamental. [6] Da mesma maneira, também Deus, sendo pai das faculdades racionais [*logikaí sýneseis*], não só se ocupa de todos os entes dotados de razão [*logismós*], mas também zela pelos que levam uma vida censurável, ou dando-lhes oportunidade de emenda, ou não deixando de usar de sua natureza indulgente, cujos acompanhantes são a virtude [*aretḗ*] e a filantropia [*philanthrōpía*], dignas patrulheiras do mundo de Deus.

[7] Este discurso, ó alma, recebe-o, por um instante, como algo que te foi confiado por Ele. E recebe este outro, em consonância e harmonia com ele: nunca te apartes tanto da verdade que julgues felizes os vis [*phaûlos*] – ainda que sejam mais ricos que Creso, mais perspicazes que Linceu, e superiores em força física a Milo de Crótona e em beleza a Ganimedes, "aquele que, em razão da beleza, os deuses arrebataram para ser escanção de Zeus".[2]

[8] Assim, quem declara que sua própria inspiração [*daímōn*] – quer dizer, seu intelecto [*noûs*] – é escrava de incontáveis senhores (amor carnal, desejo, prazer, medo, dor, insensatez, licenciosidade, covardia, injustiça) jamais poderá ser feliz, conquanto muitos, desviados do juízo verdadeiro, assim o julguem, deixando-se seduzir pelo duplo mal: pompa e glória vãs, poderosas armas usadas para engodar e seduzir almas sem lastro, armas pelas quais a maior parte da raça humana é destruída. [9] Se, contudo, queres fixar os olhos da alma para contemplar pormenorizadamente a providência divina [*prónoia Theoû*] – tanto quanto é possível à razão [*logismós*] humana –, quando chegares a uma imaginação [*phantasía*] mais clara do

---

[2] Homero, *Ilíada*, XX, 234. (N. T.)

verdadeiro bem, haverás de rir do que há pouco nos dizias que admiravas. Pois, à falta de coisas superiores, as inferiores são sempre reverenciadas, herdando o posto que cabia àquelas, mas, quando as superiores aparecem, as inferiores retiram-se, satisfeitas com o segundo prêmio.

[10] Estupefato, então, diante daquela beleza e daquela bondade divinas, certamente concluirás que por Deus nenhuma das coisas mencionadas acima é tida, por si mesma, como boa, motivo por que as minas de ouro e as de prata constituem a parte mais ordinária [*phaulotátē*] da terra, completa e totalmente inferior à consagrada à produção de frutos. [11] A abundância de riquezas certamente não se compara à de alimento, sem o qual seria impossível viver. A prova clara disto é a fome, com o que se atesta o que é verdadeiramente necessário e útil: uma pessoa faminta trocaria com prazer todos os tesouros do mundo por um pouco de comida. [12] Contudo, quando a abundância do que é necessário flui em incontáveis e incontroláveis borbotões e inunda as cidades, deleitando-nos com os bens da natureza, vemo-nos no direito de deter-nos tão somente em seu deleite. E, fazendo da insolente saciedade nosso guia na vida, despimo-nos para a aquisição de ouro e prata e polvilhamo-nos[3] na esperança de ganhar todas as sortes de vantagem, como cegos que, por amor ao dinheiro, já não veem com o pensamento que por pedaços de terra se faz contínua e ininterrupta guerra, em vez de paz.

[13] Ademais, as roupas são decerto, como os poetas disseram algures, a flor dos rebanhos, mas, no que concerne à técnica empregada pelos fabricantes, são a glória dos tecelões. E, se alguém pensa demasiado em sua reputação e recebe o aplauso dos vis [*phaûlos*], saiba que também ele próprio é vil [*phaûlos*], pois o semelhante se regozija com o semelhante. [14] Que implore um pouco de purificador para curar-lhe os ouvidos, por meio dos quais muitas doenças entram para atacar a alma [*psykhḗ*].

---

[3] Os verbos *epapodúō* ("despir") e *koníō* ("polvilhar") são aqui usados em analogia entre o processo preparatório para qualquer atividade e a preparação do atleta para uma competição. O primeiro verbo designa exatamente o primeiro passo, o desnudamento do atleta, a que se seguem a unção com óleo e, por fim, o polvilhamento do corpo com areia fina (*koníō*). Fílon também utiliza os termos em *De Abrahamo* 256, onde a referência ao contexto atlético é clara. (N. T.)

E todos quantos se inflam de orgulho por seu vigor físico aprendam a não ser soberbos, mas olhem para os incontáveis bandos de animais, domados ou selvagens, nos quais vigor e força física são congênitos. [15] Em verdade, é um enorme absurdo que um homem se orgulhe de excelências próprias de animais, nas quais – aliás – estes o sobrepujam. Por que alguém de bom senso reverenciaria a boa forma do corpo se ela se esvai em pouco tempo, antes até de atingir o grau máximo de florescimento, turvando seu ilusório auge? E isso quando se vê que até nas coisas inanimadas há obras dignas da estima de pintores, escultores e outros artistas em pinturas, esculturas e tapeçarias de ricas tramas, apreciadas em todas as cidades da Grécia e do mundo bárbaro.

[16] Como eu dizia, nada disso é tido por bom por Deus. Por que então nos admiramos de que para Ele nada disso é bom, se nem sequer o é para os homens devotos, que honram as coisas verdadeiramente boas e belas, eles, que obtiveram por quinhão uma agraciada natureza e a aprimoraram com treino e exercícios, dos quais se faz a filosofia genuína? [17] Mas todos quantos tiveram uma educação falsa ainda não imitaram os médicos, que tratam do corpo, servo da alma [*psykhê*], conquanto já tenham a pretensão de curar a senhora da casa. Pois os médicos, quando algum afortunado adoece, ainda que seja o Grande Rei, ignoram todos os que circulam pelo pórtico, pelos aposentos dos homens e pelos das mulheres, as pinturas, a prata e o ouro – cunhado ou não cunhado –, o grande número de taças ou tapeçarias e os demais ornamentos chamativos de reis. Põem ainda à parte do tratamento a chusma de serviçais, o grupo de amigos e parentes, seus súditos com algum poder, e [seus guardas pessoais].[4] Ao se aproximarem do leito, negligenciam o que está à volta do corpo, sem se admirarem com as camas incrustadas de pedras preciosas e feitas de ouro puro nem com os cobertores bordados com brocados ou feitos de finos fios, quais teias de aranha, ou com os diferentes tipos de trajes. Vão além: despem-no do manto, seguram-lhe os punhos e,

---

[4] A expressão entre colchetes não aparece no manuscrito grego, mas consta da tradução armênia (vertida ao latim como "*per custodes corporis*"). Alguns sugerem fosse algo como *sōmatophylákōn* ("de seus guardas pessoais"). (N. T.)

pressionando-lhe as veias, tomam o pulso com precisão, para ver se está bom. Frequentemente levantam ainda a túnica para ver se o ventre está inchado e examiná-lo, para ver se o tórax está inflamado, se o coração bate descompassado. Em seguida, escolhem o tratamento apropriado.

[18] Assim, também é preciso que os filósofos, que confessam aplicar a medicina à alma, rainha da natureza, desprezem tudo quanto as opiniões vãs inventam, se abeirem do interior e se debrucem sobre o pensamento [*diánoia*], para ver se o pulso está batendo arrítmica e irregularmente, sob efeito da cólera; sobre a língua, para ver se é grosseira e caluniadora, ou obscena e licenciosa; e também sobre a barriga, para ver se se incha por causa da avidez característica do apetite [*epithymía*]. E, quanto ao conjunto, se parece que se vão consumar paixões, moléstias e indisposições, é preciso examinar cada uma delas, a fim de não falhar em obter algo útil para o socorro. [19] De sua parte, os outros, envolvidos pelo esplendor das coisas externas, incapazes que são de ver a luz do intelecto [*noûs*], continuam a perambular pelo tempo, sem conseguir alcançar o raciocínio rei [*basileús logismós*], e, chegando com dificuldade aos portões e admirando a riqueza, a reputação, a saúde e a parentela aos que estão às portas da virtude, passam a venerá-los. [20] Mas, assim como seria um excesso de loucura tomar a cegos para juízes de cores ou a surdos para juízes de notas musicais, também o seria tomar a homens vis para juízes do que é verdadeiramente bom, porque foram mutilados na maior das autoridades que há neles, o pensamento [*diánoia*], sobre o qual a insensatez verteu profunda escuridão.

[21] Ainda agora nos surpreendemos com que Sócrates e outros indivíduos moralmente bons tenham permanecido na pobreza, homens que jamais usaram de nenhum meio para enriquecer, e que tampouco se viam no direito de receber grandes presentes de amigos riquíssimos nem de reis, por acreditarem que a única coisa boa e bela é a aquisição da virtude [*aretê*], pela qual trabalharam arduamente, desdenhando todos os outros bens? [22] Quem não desdenharia as coisas ilegítimas tendo previdência das genuínas? E, se tendo por quinhão um corpo mortal, repleto das ruínas próprias dos mortais e vivendo no meio de uma enorme multidão de homens injustos, cujo número não se descobre facilmente, formos vítimas de um conluio? Por que acusarmos a natureza, se se deve censurar a selvageria

daqueles que atacaram? [23] Se estamos numa atmosfera pestilenta, estamos necessariamente sujeitos a ficar doentes. O vício [*kakía*] é mais – ou não menos – destrutivo que tal clima pestilento. E, assim como o sábio, se permanecer a descoberto sob a chuva, necessariamente ficará encharcado, e, ao soprar o gélido Bóreas, necessariamente será premido pelo frio e pelo gelo, e no auge do verão ficará necessariamente aquecido – pois é uma lei da natureza que os corpos sejam afetados pelas mudanças anuais –, assim também quem habita esses lugares "onde há assassinatos, fome e bandos de outras desgraças"[5] necessariamente pagará as penas por tais coisas.

[24] Ao menos no caso de Polícrates, apresentou-se-lhe quem retribuísse os terríveis atos de injúria e impiedade que ele cometeu: a pior miséria de sua vida. E some-se a isso o fato de ter sido punido pelo Grande Rei e crucificado. "Eu sei", dizia, "que me vi a mim mesmo há não muito tempo ser untado pelo Sol – pareceu-me – e lavado por Zeus." De fato, essas afirmações enigmáticas expressas através de símbolos eram antes obscuras, mas receberam uma prova clara com os acontecimentos que se seguiram.

[25] Todavia, não só no final, mas desde o princípio, ao longo de toda a vida, sua alma esteve suspensa como seu corpo; e ele não o sabia. Pois, sempre temendo e tremendo, vivia apavorado com a multidão dos que o atacavam, sabendo perfeitamente que nenhum deles lhe era amistoso, senão que por sua má fortuna todos se lhe tornaram inimigos implacáveis.

[26] As testemunhas da Sicília que escreveram acerca da incessante e permanente cautela [de Dionísio][6] dizem que ele suspeitava até de sua esposa mais querida. Um indício disso é o ter ordenado que a entrada para a câmara pela qual ela haveria de passar para encontrá-lo fosse coberta de tábuas, a fim de que não passasse despercebida ao mover-se lenta e silenciosamente, mas denunciasse sua chegada antecipadamente com o barulho e o rumor dos passos. Ordenou então que não viesse despida apenas

---

[5] Empédocles, B 121. Mas no fragmento de Empédocles, em vez de *phonoí limoí te*, consta *phónos te kótos* ("assassinato e fúria"). (N. T.)

[6] Nos manuscritos gregos o nome de Dionísio só surge ao final da consideração sobre sua história, no parágrafo 29, mas parece conveniente inseri-lo já no princípio, para melhor compreensão do texto. A história também é contada por Cícero (*Tusculanae Disputationes*, V, 59). (N. T.)

das vestes, mas desnuda até nas partes do corpo que a lei não permitia os homens vissem. Além disso, ordenou que todo o chão ao longo do caminho fosse talhado na largura e na profundidade, como num fosso agrícola; se, como temia, se fizesse algum tipo de conluio secreto, à sua revelia, quem o fizesse seria notado pelos saltos ou pelas passadas largas.

[27] De quantos males não estava repleto aquele que vigiava e tramava contra a esposa, a qual, mais que quaisquer outros, era digna de sua confiança? Em verdade, ele se assemelhava aos homens que escalam paredes de montanhas íngremes com o fim de compreender mais claramente a natureza do que está no céu. Ao chegarem, não sem dificuldade, a um desfiladeiro inclinado, já não conseguem seguir adiante, fatigados diante da subida que ainda resta; tampouco têm coragem de descer, atordoados pelas vertigens que lhes causa a visão do abismo.

[28] Amante que era da tirania, como de algo divino e por que se havia de lutar, não concebeu fosse seguro permanecer nem fugir, porque, se permanecesse, indizíveis males afluiriam sobre ele num fluxo contínuo, ao passo que, se optasse por fugir, correria o risco de ter a vida ameaçada pelos que contra ele armavam, se não os corpos, ao menos os pensamentos [*diánoiai*].

[29] Tais testemunhas revelam também a maneira como Dionísio teria tratado um homem que proclamou bem-aventurada [*makarízōn*] a vida dos tiranos. Convidou-o a um jantar cuja preparação fora a mais magnífica e a mais suntuosa, e ordenou que um machado fosse suspenso sobre ele por um fio muito delicado. Quando, depois de se ter reclinado, o homem o viu de súbito, não teve coragem de levantar-se, em vista do tirano, nem de apreciar nenhum dos pratos preparados, tamanho era seu medo. Indiferente aos inúmeros e ricos prazeres do jantar, com o pescoço e os olhos erguidos, aguardava a morte. [30] Ao percebê-lo, disse Dionísio: "Agora compreendes o que é nossa vida gloriosa e cobiçada?" Pois é tal para o que decide não iludir-se. Ela compreende numerosas riquezas, mas não a fruição de algo digno, e traz tão somente uma série de temores, de perigos fatais, além de uma doença mais penosa que o herpes-zóster e o empiema e de irremediável destruição.

[31] Mas os muitos homens que, iludidos por um brilho esplendoroso, se poupam de investigar padecem como que seduzidos por cortesãs feias

que ocultam a feiura com trajes, ouro e maquiagem nas pálpebras e, à falta de beleza genuína, criam uma beleza ilegítima como que emboscada para os que as olham. [32] Os muito afortunados [*eutukheîs*] estão cheios de miséria, cuja amplitude medem por si próprios, mas não conseguem suportar. Como aqueles que sob coação revelam suas debilidades, eles emitem declarações da maior veracidade, arrancadas deles por seus padecimentos. Vivem na companhia de penas [*timōríai*] presentes e esperadas, exatamente como animais cevados para um sacrifício, pois também estes recebem o maior número de cuidados possível antes de ser sacrificados, em ordem ao banquete de muitas carnes que haverão de prover.

[33] Há também quem tenha sido punido não ocultamente, mas claramente, por apropriação sacrílega de bens. Seria um esforço supérfluo arrolar-lhes o nome – uma multidão. É suficiente estabelecer um caso como paradigma para todos. Os historiadores que registraram a santa guerra na Fócida narram que, como fora instituída uma lei [*nómos*] segundo a qual os sacrílegos deveriam ser atirados num precipício, lançados ao mar ou queimados, três homens que assaltaram o templo de Delfos, Filomelo, Onomarco e Failo, dividiram tais penas [*timōríai*]. O primeiro caiu de um penhasco acidentado e foi lapidado até a morte por seixos que dele se soltaram; o segundo, recusando-se a obedecer-lhe o cavalo sobre o qual viajava, foi precipitado no mar e, com a agitação das ondas, imergiu com o animal na vasta profundeza. Failo, por sua vez, ou definhou com uma doença devastadora, ou morreu consumido pelo fogo que queimou o templo de Abas – sua história tem duas versões. [34] Dizer que esses fatos sucederam por acaso [*týkhē*] é muito controverso. Pois, se alguns foram castigados em épocas diferentes ou com penas diversas, é razoável usar como pretexto a instabilidade do acaso, mas, quando todos são punidos juntos, ao mesmo tempo e não com penas outras, mas com as previstas pelas leis [*nómoi*], o sensato é afirmar que foram condenados pela justiça de Deus.

[35] Mas e se forem deixados de parte alguns dos violentos insurgentes que se alçaram contra a multidão e escravizaram não só a pessoas de outras regiões, mas também às de sua própria pátria, e continuaram impunes? Não nos havemos de surpreender? Em primeiro lugar, os homens e Deus não julgam da mesma maneira. Enquanto nós investigamos as coisas

evidentes [*tà phanerá*], Ele penetra silenciosamente o íntimo da alma, vê o pensamento [*diánoia*] com clareza, como que à luz do sol, retira os ornatos que o cingem e inspeciona os propósitos em sua nudez, e distingue imediatamente os falsos dos genuínos. [36] Por esse motivo, jamais prefiramos nosso próprio tribunal ao de Deus, dizendo que o nosso é mais verdadeiro e mais bem aconselhado: isso não é admitido pela lei divina. No primeiro há muitos deslizes, percepções sensoriais [*aisthéseis*] enganosas, paixões traiçoeiras e a robustíssima muralha dos vícios [*kakíai*]. No segundo não há nada enganoso, mas justiça [*dikaiótēs*] e verdade [*alḗtheia*], sob o crivo das quais cada ação é julgada e retificada de maneira louvável.

[37] Assim, ó meu bom amigo,[7] não julgues que uma tirania temporária seja privada de utilidade. Pois a punição [*kólasis*] não é inútil, e impor penas é proveitoso para os bons, ou ao menos não lhes é prejudicial. Graças a isso, a punição é acolhida em todas as leis corretamente promulgadas, e todos os que as promulgam são louvados, pois um tirano está para seu povo assim como a punição está para a lei. [38] Assim, quando uma terrível carência e escassez de virtude assalta as cidades, enquanto prevalece a abundância de insensatez, Deus dá então força física e poder aos que têm aptidão natural para o governo, desejando drenar o fluxo dos vícios como o curso de uma torrente para purificar nossa raça. [39] De fato, os vícios não se purgam sem uma alma austera que o faça. E, assim como as cidades criam executores públicos para ocupar-se dos assassinos, traidores e sacrílegos, sem acatar a opinião [*gnṓmē*] dos homens, mas examinando bem a utilidade do serviço deles, assim também o Guardião [*kēdemṓn*] desta megalópole que é o mundo estabelece os tiranos como executores públicos das cidades, que ele vê estão cheias de violência, injustiça, impiedade e outros males, de modo que se mitiguem imediatamente. [40] Neste caso, Ele também considera justo ameaçar com todos os tipos de punição os culpados, que estão a serviço de uma alma desapiedada e difícil de purificar, como se faz com líderes de grupos criminosos. Pois, assim como a potência do fogo, que, após consumir sua provisão de combustível, termina por devorar-se

---

[7] O vocativo *ō gennaîe* ("ó meu bom amigo") é muito comum em Platão (*Górgias* 473d, 494e; *Êutifron* 7e; *Crátilo* 432d; *Eutidemo* 285d; *Alcibíades* 1, 111a, 121a, 135e). (N. T.)

a si próprio, assim também os que exerceram soberania sobre a multidão, após consumir as cidades e esvaziá-las de homens, acabaram por pagar as justas penas por tudo quanto haviam feito e foram mortos. [41] E porque havemos de nos surpreender se Deus, por meio dos tiranos, exorciza a maldade que se espalha pelas cidades, pátrias e nações? Pois muitas vezes, em vez de empregar outros, subordinados a Ele, se ocupa disso Ele próprio, provocando ou a fome, ou a peste, ou um abalo sísmico, ou qualquer outro castigo divino, pelos quais multidões grandíssimas e populosas são destruídas todos os dias e grande parte do mundo é assolada graças ao previdente cuidado divino de preservar a virtude.

[42] Já se disse aqui o suficiente – suponho – quanto a nenhum dos vis ser feliz. Provém principalmente daí a prova de que a providência [*prónoia*] existe. Mas, se tu ainda não te convenceste, dize-me, confiante, que dúvida ainda te está à espreita, porque, se nós dois nos pusermos a indagar juntos, saberemos onde está a verdade.

[43] E, em seguida a outros argumentos, volta a falar:

As investidas dos ventos e das chuvas, Deus não as fez em ultraje aos navegantes – assim penso – ou aos agricultores, mas em benefício de toda a nossa raça. Pois com a água Ele purifica a terra, e com o vento toda a região sublunar. Com ambos, sustenta os animais e as plantas e fá-los crescer e amadurecer. [44] Se às vezes prejudicam navegantes e agricultores, não há de que admirar-se. Eles são pequena parte, e Seu cuidado é para com toda a humanidade.

No ginásio, usa-se untar os corpos com óleo para proveito dos atletas, mas muitas vezes o ginasiarca, por necessidades políticas, altera o quadro de horários regular, motivo por que alguns dos ungidos se atrasam. Assim também Deus, que cuida do mundo inteiro como de uma cidade, costuma fazer verões invernosos e invernos primaveris para benefício de todos, embora alguns capitães de navio ou alguns homens que lavram a terra estejam destinados a sofrer com tais anomalias. [45] As comutações recíprocas entre os elementos com que o mundo foi constituído e moldado, sabendo que são obras da maior necessidade, fornece-as Ele sem a menor dificuldade. A geada, a neve e os fenômenos semelhantes resultam do congelamento do ar; os raios e trovões, da colisão e fricção das nuvens. E nenhum deles decorre da providência. Mas as chuvas e ventanias são promotoras da vida, do sustento e do crescimento dos entes na terra, os quais são efeitos seus. [46] De modo semelhante, quando um ginasiarca faz gastos extravagantes com suprimentos, frequentemente para incentivar a competitividade, e alguns homens ignorantes se untam de óleo e não de água, deixando cair gotas no chão e tornando-o imediatamente escorregadio, ninguém de bom senso poderia dizer que o estado lamacento e escorregadio do chão se deve à intenção do ginasiarca, quando na verdade isso ocorreu em consequência do excesso de suprimentos.

[47] Um arco-íris, um halo e outros fenômenos similares são consequência de raios que se mesclam com nuvens; não são obras primevas da natureza, mas acontecimentos posteriores às obras da natureza. Na verdade, tais fenômenos prestam serviços necessários aos mais prudentes [*phronimôteroi*], pois que prenunciam a calmaria e a ventania, o bom e o mau tempo, fornecendo-lhes sinais a partir dos quais possam fazer conjecturas. [48] Nunca viste os pórticos das cidades? A maioria deles volta-se para o sul: sob eles os transeuntes aquecem-se no inverno e refrescam-se no verão. Mas há outra coisa que se segue sem dar-se por intenção do Construtor. Que coisa é esta? As sombras lançadas pelos pés indicam as horas para nossa experiência.

[49] O fogo é outra das mais vitais obras da natureza. A fumaça é consequência dele. Mas, por vezes, ela também tem sua utilidade. Ao menos para sinalizar o fogo à luz do dia: quando o fogo é ofuscado por raios solares que brilham sobre ele, é pela fumaça que a aproximação dos inimigos é denunciada. [50] E pode dizer-se que o princípio que causa os arco-íris é o mesmo que, de algum modo, regula os eclipses. Os eclipses são consequência natural das leis que regulam a natureza divina do sol e da lua.

Eles anunciam a morte de reis e a destruição de cidades, como obscuramente disse Píndaro a respeito da ocorrência de um eclipse, já antes mencionada. [51] O cinturão da Via Láctea, por sua vez, compartilha sua substância [*ousía*] com os outros astros, e, por mais difícil que seja calculá-lo, os que estão acostumados à investigação da natureza não devem recuar diante dele, pois a descoberta [*heúresis*] é muito proveitosa e a pesquisa [*zétēsis*] é por si mesma prazerosa para os amantes do estudo.

[52] Assim como o sol e a lua vieram a ser por meio da providência [*prónoia*], assim também todos os corpos celestes, ainda que nós sejamos incapazes de descobrir a natureza e a potência de cada um, e silenciemos. [53] Diz-se que tanto os abalos sísmicos como as pestes, os trovões e os outros fenômenos deste tipo são enviados por Deus, quando na verdade não o são, uma vez que Deus não é causa de absolutamente nada mau. São as comutações dos elementos o que os gera. Não são, portanto, obras primevas da natureza, mas resultado de suas necessidades e consequência de suas primeiras obras. [54] Se alguns homens "espirituosos"[8] tivessem participado no prejuízo que causaram, a culpa não haveria de recair sobre o governo. Em primeiro lugar, se alguns são considerados bons por nós, isso não quer dizer que realmente o sejam, dado que os critérios de Deus são mais precisos que todos os critérios do intelecto [*noûs*] humano. Em segundo lugar, o providente ama observar no mundo as coisas de maior importância. Nos reinos e nos postos de comando militar, por exemplo, observa as cidades e os exércitos, e não uma casualidade obscura e negligenciável.

[55] Alguns dizem que, assim como, quando se assassina aos tiranos, também é lícito matar seus parentes para refrear os delitos pela magnitude da punição, assim também, em meio às doenças pestilentas, é necessário que alguns inocentes sejam aniquilados para que os outros sejam chamados de volta à temperança. Além disso, como se diz, os que estão expostos a uma atmosfera pestilenta necessariamente adoecem, assim como todos os que estão expostos a uma tempestade a bordo de um navio correm perigo semelhante. [56] Mas os animais robustos existem – não há como silenciá--lo, se tu, que sabes falar com engenhosidade, antecipando-te, depreciavas a apologia [*apología*] – para exercitar os homens para os conflitos bélicos. Pois os treinos nos ginásios e as constantes caçadas disciplinam e animam os corpos e, antes dos corpos, acostumam as almas a desprezar os ataques súbitos dos inimigos, por torná-las confiantes em sua própria força física.

---

[8] Parece que o uso do adjetivo *khariestéros* ("espirituoso") seja uma ironia, embora tal recurso não seja comum nos textos de Fílon. (N. T.)

[57] É permitido às pessoas de natureza pacífica viver sob o abrigo não só das muralhas das cidades, mas também de suas barracas, a salvo de ataques e de posse de copiosíssima multidão de animais domesticados para seu usufruto, enquanto javalis, leões e outros animais semelhantes, seguindo sua inclinação natural, se afastam muito da cidade, apetecendo o não ser vítimas de nenhum plano dos homens. [58] E, se algumas pessoas são tão descuidadas que não temem dirigir-se desarmadas e despreparadas aos covis de tais animais, deverão pôr a culpa do que acontecer não na natureza, mas em si próprias, já que foram negligentes e não tomaram as devidas precauções quando o podiam fazer. Também nas corridas de carros já vi alguém que parecia tomado pelo descuido. Em vez de pôr-se, como deveria, em seu assento como espectador comum, estacou no meio da pista e, derrubado pela arremetida das quadrigas, foi esmagado pelas patas e pelas rodas, encontrando assim a paga de sua tolice [*ánoia*]. [59] Mas a respeito deste assunto já se disse o suficiente.

Quanto aos répteis venenosos, não vieram a sê-lo por ação direta da providência [*prónoia*], mas por certo acontecimento, como eu disse anteriormente. Eles vêm à vida quando a mistura em seu interior tem temperatura elevada. E, em alguns casos, é a putrefação o que lhes dá vida, assim como a putrefação de alimentos dá vida aos vermes e como a do suor dá vida aos piolhos. Mas todos os entes que surgiram de algo exterior à sua própria matéria [*hýlē*], por um processo gerativo e primário da natureza, são com justiça atribuídos à providência [*prónoia*]. [60] Também ouvi duas outras versões a respeito de eles terem sido criados para benefício do homem, versões que eu não poderia deixar de referir. Uma delas é a seguinte: alguns disseram que os animais venenosos colaboram muito nos procedimentos médicos e que os que praticam metodicamente esta técnica [*tékhnē*], fazendo uso deles no que é preciso e com conhecimento, têm abundantes antídotos com que dão inesperado socorro aos que se encontram em situação muito precária. E ainda hoje é possível ver pessoas dedicar-se à medicina não levianamente nem descuidadamente, mas fazendo uso de todos esses animais como elementos não secundários na composição dos remédios. [61] A outra versão não vem da medicina, mas de um filósofo, ao que parece. Ela assevera que tais criaturas foram preparadas por Deus como instrumentos de punição [*kolastéria*] dos pecadores, como os chicotes e os ferros dos generais e dos soberanos. Estando quietas no restante do tempo, são incitadas a agir com vigor contra os condenados, que a natureza, em seu incorruptível tribunal, sentenciou à morte. [62] Contudo, é falso pensar que em sua maioria elas ficam nas residências, emboscadas em covis, pois são vistas fora da cidade, no campo e em lugares desertos, fugindo do homem como de seu senhor. Se for verdade que não ficam nas casas, há certa razão para tal: o entulho é amontoado em lugares afastados, e montes de excrementos, onde adoram enfurnar-se, têm um cheiro que exerce poder de atração sobre elas.

[63] E, se as andorinhas vivem junto de nós, não há por que admirar-se: é que nós nos abstemos de caçá-las, e um instinto [*póthos*] de segurança foi instalado não só na alma das criaturas racionais, mas também na das irracionais; e, entre os animais próprios para nosso usufruto, não há nenhum que viva conosco em razão dos planos que traçamos contra eles, ainda que animais próprios para usufruto do homem convivam conosco nos lugares onde valer-se deles é proibido por lei. [64] Há uma cidade litorânea da Síria chamada Ascalona. Quando lá estive, numa viagem ao templo de minha terra natal com o propósito de oferecer preces e sacrifícios ali, vi bandos de pombos nos cruzamentos das ruas e sobre todas as casas. Quando indaguei a causa de eles estarem ali em tal número, disseram-me que não era lícito capturá-los, porque o uso deles fora proibido pelos habitantes desde as épocas mais remotas. Por já não ter medo, o animal ficou tão manso, que não só transita pelos telhados, mas chega a comer na mesma mesa que os cidadãos, desfrutando da trégua.

[65] No Egito, vê-se algo ainda mais surpreendente. O crocodilo, além de ser o mais perigoso dos animais, é um devorador de homens nascido e crescido no sacratíssimo Nilo. E, mesmo estando submerso, percebe o que lhe é proveitoso. De modo que onde é maltratado não aparece nem em sonho; mas em algumas partes do Nilo nem os mais corajosos se arriscam a mergulhar o dedo, porque os crocodilos saltariam em massa. Em outros lugares, até as pessoas mais medrosas saltam na água, nadam e fazem brincadeiras pueris.

[66] Como a raça dos ciclopes é uma figura mítica, sua terra, quando não cultivada, não gera frutos sem necessidade de semeadura e de agricultores, de acordo com o princípio de que nada pode surgir de algo que não existe. E a Grécia não deve ser acusada de ter solo pobre e estéril, pois também tem muitos solos produtivos. Se o mundo bárbaro é superior na fecundidade das terras e leva vantagem na produção de alimentos, é, por outro lado, inferior em quantidade de homens por nutrir com alimentos. Pois, a bem da verdade, a Grécia sozinha gera o gênero humano, a planta celestial,[9] o primoroso broto divino, engendrando uma razão [*logismós*] muito apropriada à ciência [*epistếmế*]. A causa disso: o pensamento [*diánoia*] é naturalmente afiado de acordo com a delicadeza do ar. [67] Como diz sagazmente Heráclito, "onde a terra é seca, a alma é mais sábia e mais nobre". Pode encontrar-se uma evidência disso no fato de os homens sóbrios e frugais serem os mais inteligentes [*sunetốteroi*], e os que se enchem de bebida e comida serem os menos sábios [*phrónimoi*], já que nestes a razão [*logismós*] é afogada entre as coisas que eles engolem. [68] Por isso, no mundo bárbaro, os brotos e troncos são tão bem nutridos, que resultam altos; e os animais irracionais, conquanto sejam os mais fecundos, são os menos produtivos de intelecto [*noûs*], porque as exalações contínuas e ininterruptas da terra e da água os dominam e os impedem de alçar-se à sua origem, o ar.

[69] As várias raças de peixes, de aves e de animais terrestres não servem de acusação de que a natureza nos convida ao prazer; são antes uma poderosa censura à nossa imoderação. Para a completude do universo [*tò hólos*], era necessário gerar diferentes classes de animais a fim de que houvesse ordem em cada parte. Não era necessário, contudo, que o homem – das criaturas, a mais vinculada à sabedoria [*sophía*] – se lançasse ao desfrute deles, convertendo-se à selvageria dos animais. [70] Por esse motivo, ainda

---

[9] A expressão *ouránion phýton* ("planta celestial") é usada por Fílon também em *Quod Det.* 85 e *De Plant.* 17. A comparação parece ter origem platônica, uma vez que em *Timeu* 90a a mesma expressão é usada para designar a espécie humana. "Um corolário da imagem do homem como planta celestial é que ele permanece ereto (*Timeu* 90a8-b1) e é capaz de dirigir sua visão para os céus, em contraste com os animais, que têm a cabeça arqueada para o chão (90e-92a)" (David Runia, *Philo of Alexandria and the Timaeus of Plato*. Amsterdã, Brill, 1986, p. 324-25). (N. T.)

atualmente os que pretendem alcançar o autocontrole se abstêm de todos eles, e acrescentam à sua alimentação vegetais verdes e frutos das árvores, apreciando-os com prazer. E é natural que estes que se privam do banquete dos referidos entes se tenham tornado assim graças a professores, a disciplinadores e a legisladores que, em cada cidade, tomaram o cuidado de limitar a imoderação das concupiscências [*epithymíai*] não permitindo a ninguém o uso inescrupuloso de todos esses animais.

[**71**] Também as violetas, as rosas, os açafrões e outras flores de variada cor foram feitas não para o prazer, mas para a saúde. Com efeito, suas propriedades são infinitas. São úteis em si mesmas por seu odor, e impregnam tudo com sua fragrância. Mas são ainda mais úteis aos médicos, para a síntese dos remédios. De fato, algumas coisas mostram suas virtudes mais distintamente quando combinadas a outras, assim como a mescla de macho e de fêmea se presta à geração de um animal; e, com efeito, nenhum dos dois poderia fazer separadamente, por si só, o que os dois fazem juntos.

[**72**] Isso foi o melhor que pude dizer com respeito às demais questões apresentadas por ti. É o bastante para convencer a mente dos que não têm para si que Deus cuida dos assuntos humanos.

Do mesmo autor, leia também:

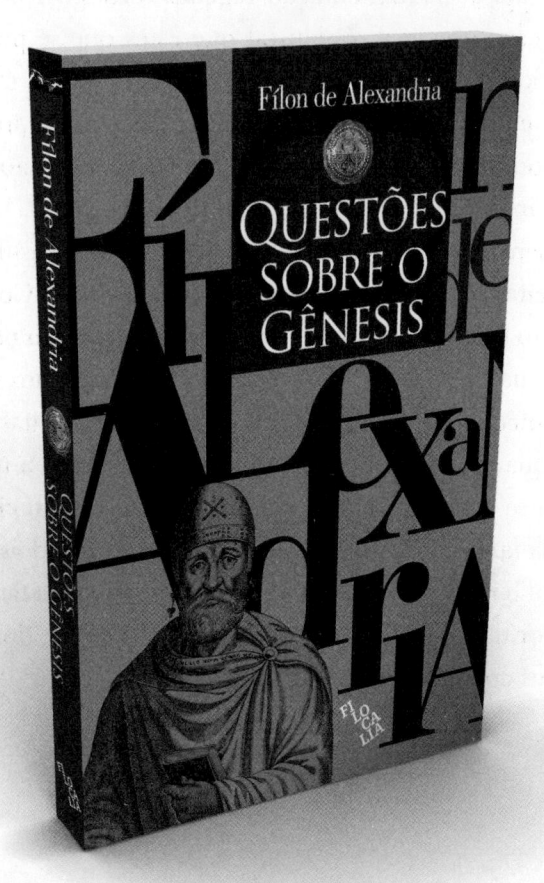

Este livro de Fílon de Alexandria faz parte da Coleção Grandes Comentadores, que vem preencher grave lacuna no panorama editorial brasileiro: a que diz respeito aos grandes comentadores, em língua grega e em língua latina, da Bíblia, de Platão e de Aristóteles. *Questões sobre o Gênesis* é obra indispensável não só para conhecer o método alegorista de Fílon, mas ainda para entender a fonte de onde brotariam diversas correntes filosóficas e o próprio método de exegese bíblica que predominará no período patrístico.

Os livros da Editora Filocalia são comercializados e distribuídos pela É Realizações.

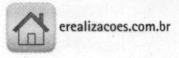

facebook.com/erealizacoeseditora   twitter.com/erealizacoes   instagram.com/erealizacoes   youtube.com/editorae

issuu.com/editora_e   erealizacoes.com.br   atendimento@erealizacoes.com.br